Ursula Oppolzer

Ganzheitliches Gehirntraining

Aktivierung & Beschäftigung für Senioren

schlütersche

Die Autorin
Ursula Oppolzer studierte Biologie und Geografie, Mathematik und Psychologie. Sie zählt zu den führenden Experten für Gedächtnismanagement, Konzentration und Lernen und hat bereits viele erfolgreiche Bücher veröffentlicht.

Bibliografische Information der Deutschen Nationalbibliothek
Die Deutsche Nationalbibliothek verzeichnet diese Publikation in der Deutschen Nationalbibliografie; detaillierte bibliografische Daten sind im Internet über http://dnb.de abrufbar.

ISBN 978-3-89993-954-5 (Print)
ISBN 978-3-8426-8918-3 (PDF)
ISBN 978-3-8426-8919-0 (EPUB)

Umschlaggestaltung: Kerker + Baum, Büro für Gestaltung GbR, Hannover
Titelfoto: veekid – Fotolia.com
Satz: PER MEDIEN & MARKETING GmbH, Braunschweig
Druck und Bindung: TOTEM.COM.PL, Inowrocław

Inhalt

Einleitung

Geistig aktive Menschen sind gesünder und leben länger! – Diese Erfahrung der Wissenschaft hat dazu geführt, dass im Alter nicht allein körperliche Bewegung im Mittelpunkt steht, sondern der Wert der geistigen Aktivität immer mehr in den Vordergrund rückt. Denn, was für den Körper, also für die Muskeln gilt, gilt auch insbesondere für den Kopf! Ein regelmäßiges Gehirntraining, das alle Gehirnfunktionen fordert, ist eine erfolgreiche Maßnahme, ein leistungsfähiges Gehirn zu erhalten. Gleichzeitig sollte auf eine gesunde Ernährung und ausreichend Bewegung geachtet werden. Zum Ganzheitlichen Gehirntraining (GGT) gehören leichte Bewegungsübungen selbstverständlich dazu.

Elemente des Ganzheitlichen Gehirntrainings (GGT) sind:

- Impulse, die dazu anregen, sich an viele Jahre zurück zu erinnern. Sie aktivieren das Langzeitgedächtnis ebenso wie Lieder, Gedichte und bekannte Redewendungen und Sprichwörter.
- Übungen, bei denen es darum geht, sich bestimmte Dinge zu merken. Sie fordern und fördern das Kurzzeitgedächtnis.
- Wahrnehmungs- und Konzentrationsaufgaben, die zu einem bewussteren Sehen und Erkennen von Einzelheiten führen und damit die Merkfähigkeit verbessern.
- Wissens- und Erfahrungsfragen: Sie regen das Denken an und ermuntern dazu, im Lexikon oder Internet den Sachverhalt noch einmal genauer nachzulesen, um dann mit anderen darüber zu sprechen.
- Wortspiele, die einen versunkenen und im Alltag kaum benutzten Wortschatz wieder hervorholen. Sie fördern die Sprachgewandtheit, das differenzierte Formulieren und regen zu einer intensiven Kommunikation an.
- Bewegungsübungen, die entspannen und die Durchblutung des Gehirns fördern.

Auch Denken trainiert den Körper

Gehirntraining beeinflusst die Hirndurchblutung und den Hirnstoffwechsel und trägt gleichzeitig zu einer besseren Durchblutung aller Organe bei. Das ist besonders wichtig für Menschen, die in Ihren Bewegungsmöglichkeiten eingeschränkt sind. Einerseits werden durch geistige Aktivitäten körperliche Funktionen, vor allem Herz und Kreislauf, angeregt. In Wechselwirkung bestimmt andererseits der Zustand des Herz-Kreislaufsystems die Grenzen der geistigen Leistungsfähigkeit mit.

»Lust und Liebe sind die Fittiche zu großen Taten!« (Goethe)

Wichtig ist, dass geistige Aktivitäten Spaß machen. Lachen und Erfolgserlebnisse rufen positive Gefühle hervor, entspannen und motivieren, weiter zu machen – auch wenn die Aufgaben mal nicht so einfach sind. Erfolge in entspannter, fröhlicher Atmosphäre führen zu mehr Selbstvertrauen und damit zu einem positiveren Selbstbild. Die Folgen sind: mehr Aktivitäten, mehr Umwelt- und Sozialkontakte, mehr Bewegung und letztlich mehr Freude am und im Leben.

In diesem Sinne wünsche ich Ihnen Begeisterung für das Ganzheitliche Gehirntraining, viele Erfolgserlebnisse, heitere Gelassenheit und immer wieder neue, kreative Ideen.

Dezember 2017 Ursula Oppolzer

Impulse und Erinnerungen

Die folgenden Impulse können für ein anregendes Tischgespräch und zur Aktivierung des Langzeitgedächtnisses genutzt werden. Es sind etwa Fotos, Bilder aus Zeitschriften, Farbkarten, Zahlenkarten, Formenkarten oder kleine Gegenstände, Blumen oder auch anregende Begriffe und Fragen. Kleine Gegenstände können gezeigt und passende Fragen gestellt werden.

Wichtig ist, dass vor jeder Aktivierung eine herzlich, nachdrückliche Begrüßung stattfindet – so ist sichergestellt, dass jeder Gesprächspartner wach und aufmerksam ist. Das anschließende Zeigen des Bildes oder Gegenstandes bzw. das Nennen eines Begriffs ist bestenfalls mit einer persönlichen Erfahrung verbunden, einem persönlichen Bezug, der zu einer Assoziation – zum »Kramen« – im Langzeitgedächtnis und zur Kommunikation führt.

Vermischtes

- Alte Postkarte: An was erinnert Sie dieses Bild?
- Foto: Wem sieht dieser Mensch ähnlich?
- Spielkarte: Haben Sie früher gern Karten gespielt? Haben Sie sich schon einmal die Karten lesen lassen?
- Nüsse: Welche Nüsse mögen Sie am liebsten?
- Parfum: Welches Parfum/Rasierwasser haben Sie früher benutzt?
- Herbstblatt: Erinnern Sie sich an einen besonders schönen Herbsttag?
- Blumen: Das sind meine Lieblingsblumen. Welche Blumen mochte Ihre Mutter besonders gern? Welche Blumen sind Ihre Lieblingsblumen?
- Spaghetti: Wissen Sie noch, wann Sie zum ersten Mal Spaghetti gegessen haben? Wie mögen Sie Spaghetti am liebsten?
- Schlüssel: An welches »Schlüsselerlebnis« erinnern Sie sich?

Kindheit & Freizeit

- Haben Sie als Kind auch das »Sandmännchen« geschaut?
- Welche Abzählreime aus der Kindheit fallen Ihnen ein?
- Können Sie sich an Verse in Ihrem Poesiealbum erinnern?
- Sind Sie Schlitten gefahren oder lieber Schlittschuh gelaufen?
- Wo haben Sie als Kind Ihre Ferien verbracht?
- An welche Burgen oder Schlösser, die Sie besucht haben, erinnern Sie sich?
- In welcher Situation haben Sie Ihre erste Laufmasche entdeckt?

Babys & Kleinkinder

- Wie haben Sie Ihre Kinder gewickelt?
- Wie sahen die Strampler Ihrer Kinder aus?
- Wurden die Babys zunächst noch in ein Tuch gewickelt?
- Wie sah der Kinderwagen für Ihre Kinder aus?
- Hahnenkamm und Rattenschwänze: Wie sehen diese Frisuren aus?

Haushalt

- Wie haben Sie den Tisch gedeckt, wenn Besuch kam?
- Wie sahen Ihre Wein- und Sektgläser aus, die Sie zur Hochzeit bekommen bzw. in Ihrer Ehe gekauft haben?
- Wo haben Sie am Waschtag Ihre Wäsche gewaschen und aufgehängt?
- Wie sah Ihre Klammerschürze aus?
- Was für ein Bügeleisen haben Sie benutzt?
- Wie wurden die Tischwäsche und Bettwäsche glatt?

Küche und Keller

- Was hat Ihre Mutter oft und gern gekocht?
- Was gab es zum Abendessen?
- Was sind »Russische Eier«? Was ist ein »Toast Hawaii«?
- Was haben Sie als Kind gefrühstückt?
- Was gab es zum Essen und Trinken, wenn Sie krank waren?
- Gab es eine Speisekammer? Wie sah sie aus?

- Wie sah der Keller Ihrer Eltern aus? Was wurde im Keller aufbewahrt?
- Wie hat Ihre Mutter Kaffee gekocht? Gab es in Ihrer Kindheit »Muckefuck«?
- Was war als Kind Ihre Lieblingssuppe? Welche Suppe mochten Sie gar nicht?
- Wie wurden frisch gepflückte Äpfel früher verwertet?

Alltag

- Tante Emma-Laden: Können Sie den Laden beschreiben, in dem Sie bzw. Ihre Mutter immer eingekauft haben?
- Alte Ladenkasse: Können Sie sich noch an eine Ladenkasse erinnern, die mit einer Kurbel geöffnet werden musste?
- Eierkohlen: Welche Kohlen wurden verfeuert? Kam ein Kohlenmann?
- Milchkanne & Milchwagen: Haben Sie früher mit der Milchkanne die Milch vom Bauern, vom Milchwagen oder vom Milchgeschäft geholt?
- Holzschuhe: Haben Ihre Eltern noch Holzschuhe getragen?
- Musik-Box: Wo haben Sie zum ersten Mal an einer Musik-Box gestanden?
- Käfer: Hatten Ihre Eltern einen VW-Käfer?
- Höflichkeitsformen: Welche Höflichkeitsformen gehörten in Ihrer Jugendzeit zum guten Ton?(in Bus und Bahn einem Älteren den Platz anbieten – als Kind einen Diener oder einen Knicks machen – jemandem den Vortritt lassen – jemandem die Tür aufhalten – bei der Begrüßung die Handschuhe ausziehen – beim Essen nicht sprechen …)
- Angeln: Waren Sie schon einmal angeln?
- Hüte: Haben Sie als junge Frau bzw. als junger Mann Hüte getragen? Wenn ja, wie sahen diese Hüte aus?
- Wann durften Sie zum ersten Mal Nylonstrümpfe tragen?
- Welche Hobbys hatte Ihr Vater? Durften Sie ihm dabei helfen?

Lieder, Musik und Tanz

- Welche Lieder haben Sie als Kind gern gesungen?
- Wollten Sie ein Instrument lernen und durften Sie es?
- Welche Musik haben Sie als junge Frau, als junger Mann gehört?
- Hatten Sie einen Schallplattenspieler?
- Erinnern Sie sich an Ihre erste Tanzstunde? Was war Ihr Lieblingstanz?

Hochzeit und andere Feiern

- Wo haben Sie Ihre Hochzeit gefeiert?
- Wie sah Ihr Hochzeitskleid bzw. Ihr Hochzeitsanzug aus?
- Welche Blumen waren in Ihrem Hochzeitsstrauß?
- Wie wurde die Silberne Hochzeit Ihrer Eltern gefeiert?
- Welcher Geburtstag Ihrer Kindheit ist Ihnen besonders in Erinnerung?
- An welche Einzelheiten Ihrer Konfirmation/Kommunion erinnern Sie sich?
- An welche Taufen erinnern Sie sich?
- Wie war das Erntedankfest?
- Gab es bei Ihnen im Ort einen besonderen Maibaum?
- Wann konnten Sie auf die Kirmes gehen? Was gab es dort alles zu sehen?

Weihnachten und Ostern

- Welche Plätzchensorten gab es zu Weihnachten?
- Welche Bescherungsrituale gab es bei Ihnen?
- Was wurde am Heiligen Abend gegessen und was am 1. Weihnachtstag?
- Wie verbrachten Sie den Heiligen Abend?
- Wer verbrachte den Heiligen Abend mit Ihnen gemeinsam?
- Wie wurde der Weihnachtsbaum geschmückt?
- Was geschah an Silvester und am Neujahrstag?
- Welche Getränke wurden am Silvesterabend gereicht?
- Wie wurden die Eier gefärbt? Durften Sie beim Eierfärben helfen?
- Wie groß war der größte Schokoladenosterhase, den Sie bekommen haben?

Wahrnehmung & Konzentration

Wahrnehmungs- und Konzentrationsübungen fördern die Merkfähigkeit und das Erinnerungsvermögen, da auch Details bewusst registriert, die Aufmerksamkeit erhöht und die Dauer der optimalen Aufnahmefähigkeit vergrößert werden.

Rückwärts

- Zählen Sie möglichst schnell alle Zahlen von 77 bis 0 rückwärts – allerdings nennen Sie nur die Zahlen, bei deren Ziffern optisch keine Rundungen vorkommen. Also: 77, 74, 71 ... (Ziffern mit Rundungen sind 0, 2, 3, 5, 6, 8, 9)
- Sagen Sie das Alphabet möglichst schnell rückwärts auf: Z, Y, X ...
- Sagen Sie das Alphabet möglichst schnell rückwärts auf. Nennen Sie dabei aber nur die Großbuchstaben ohne Rundungen. Also: Z, Y, X ... (Buchstaben mit Rundungen sind etwa U, S, R, Q ...)
- Nennen Sie zu allen Großbuchstaben des Alphabets mit einer Rundung eine Freizeitbeschäftigung. Beispielsweise: U = Unterhaltung, S = Spazierengehen

Sebastian Kneipp

- Lesen Sie den folgenden Text ohne Leerzeichen einmal vorwärts und einmal rückwärts vor.

  sebastiankneipphatteeinempatienteneinkräftigesabführmittelverschriebenalsderpatientwiederzuihmkamsagtekneippnunhustensiedochmalkräftignuraufihreverantwortungerwidertederpatient.

- Wer war Sebastian Kneipp?

Maria Theresia

- Was wissen Sie über Maria Theresia und Friedrich den Großen?

  Beinahe wäre Maria Theresia die Gemahlin Friedrichs des Großen geworden. Prinz Eugen von Savoyen schickte dem preußischen Kronprinzen heimlich ein Porträt der jungen Maria Theresia. Friedrich verliebte sich und plante ernsthaft, über Holland zu ihr nach Wien zu fliehen. Die Flucht misslang jedoch. Friedrich der Große schrieb nach Auseinandersetzungen mit seinem Vater einen Werbebrief nach Wien. Doch jetzt lehnte Prinz Eugen ab. In späteren Jahren sagte die Kaiserin oft in Bezug auf Friedrich: »Besser Schlesien verloren, als den geheiratet.«

- Zählen Sie alle vorkommenden Namen.
- Schreiben Sie die Namen rückwärts.

Sonne

Zählen Sie von 1–100 und sagen Sie bei allen Zahlen, die durch 6 (alternativ durch 7, 8 oder 9) teilbar sind oder eine 6 (alternativ eine 7, 8 oder 9) enthalten, statt der Zahl den Begriff »Sonne«. Also: 1, 2, 3, 4, 5, Sonne, 7 …

Anekdoten

Anekdoten regen zum Schmunzeln und Lachen sowie zur Kommunikation an. Sie erweitern das Wissen und animieren, weitere Informationen erhalten zu wollen. Anekdoten können sowohl als Wahrnehmungs- und Konzentrationsübungen genutzt werden als auch als Gedächtnisübungen und zur Förderung der Kreativität.

Lichtenberg und die Röhren

- Lesen Sie diese Anekdote und zählen Sie möglichst schnell die Anzahl des Buchstabens »G« in Groß- und Kleinschreibung.
- Merken Sie sich möglichst viele Einzelheiten der Anekdote und fassen Sie sie kurz zusammen.
- Schreiben Sie alle Hauptwörter heraus, die mit »E« enden (→ wenn Sie Rechtshänder sind, möglichst mit der linken Hand) und erfinden Sie eine kleine Geschichte zu dem jeweiligen Wort.

Anekdote: Bei einer physikalischen Vorlesung stellte der berühmte Lichtenberg die Behauptung auf, die wichtigsten Dinge würden durch Röhren getan. Die Studenten waren ratlos und verlangten Beweise für diese merkwürdige Hypothese. »Nichts leichter als das«, sagte Lichtenberg. »Die Zeugungsglieder, die Schreibfeder und das Schießgewehr.«

Kant und die berühmten Männer

- Lesen Sie diese Anekdote und zählen Sie möglichst schnell die Anzahl des Buchstabens »M« in Groß- und Kleinschreibung.
- Merken Sie sich möglichst viele Einzelheiten der Anekdote und fassen Sie sie kurz zusammen.
- Schreiben Sie alle Hauptwörter heraus und erfinden Sie eine kleine Geschichte, in der diese Wörter vorkommen.

Anekdote: In einer Gesellschaft, an der auch der berühmte Philosoph Kant teilnahm, erzählte man von einem anderen berühmten Mann zahlreiche Geschichtchen. In einer Pause bemerkte Kant: »Ich erinnere mich, ähnliche Anekdoten schon von anderen berühmten Männern gehört zu haben, aber das wundert mich gar nicht. Große Männer sind wie hohe Kirchtürme. Um beide ist gewöhnlich viel Wind!«

Spitzweg

- Lesen Sie den Text, zählen Sie alle Buchstabenkombinationen mit »ER« (alternativ alle mit »ES«) und merken Sie sich Einzelheiten.

EINESTAGESERHIELTDERMALERSPITZWEGDENBESUCHEINESMAN-
NESDERSICHSEINEBILDERANSAHVOREINEMBILDBLIEBERBESON-
DERSLANGESTEHENUNDSAGTEESISTHERRLICHICHKANNMICH-
GARNICHTSATTSEHENDERMALERERWIDERTEICHAUCHNICHTUND-
DARUMMÖCHTEICHESVERKAUFEN

Amt & Verstand

- Lesen Sie diese Anekdote, merken Sie sich möglichst viele Einzelheiten und zählen Sie möglichst schnell die Anzahl des Buchstabens »O« in Groß- und Kleinschreibung.
- Schreiben Sie alle Hauptwörter heraus, die den Buchstaben »A« enthalten und erfinden Sie eine kleine Geschichte, in der diese Wörter vorkommen.

Anekdote: In der Gesellschaft in Frankfurt am Main, in der der Philosoph Schopenhauer regelmäßig verkehrte, traf er einmal auf einen Wichtigtuer, der mit großem Pathos das Sprichwort verteidigte: »Wem Gott ein Amt gibt, dem gibt er auch Verstand.« Schopenhauer hörte eine Weile zu, dann entgegnete er bissig: »Mein Herr, bitten Sie Gott flehentlich, dass er Ihnen ein Amt verleiht.«

Glück & Verstand

- Lesen Sie diese Anekdote, merken Sie sich möglichst viele Einzelheiten und zählen Sie möglichst schnell die Anzahl des Buchstabens »E« in Groß- und Kleinschreibung.
- Schreiben Sie die Anekdote ab – allerdings rückwärts.

Anekdote: Ein junger Freund von Gotthold Ephraim Lessing hatte eine Abhandlung über Verstand und Glück geschrieben. Er widmete dem Freund sein Werk und brachte es Lessing persönlich. Lessing nahm das Buch, las den Titel und sagte entsetzt: »Um Gottes willen! Wie kannst du über zwei Dinge schreiben, die du nie gehabt hast?«

Eingebildeter Kohlkopf

- Lesen Sie diese Anekdote, merken Sie sich möglichst viele Einzelheiten und zählen Sie möglichst schnell alle Buchstabenpaare mit »EI«.

Anekdote: Einem eingebildeter Hohlkopf, der auf einer Gesellschaft nach dem Unterschied zwischen Zeit und Ewigkeit fragte, erwiderte der berühmte Lichtenberg, Gelehrter an der Göttinger Universität: »Die Antwort auf diese Frage muss ich Ihnen leider schuldig bleiben, denn wenn ich mir die Zeit nehmen sollte, Ihnen das auseinanderzusetzen, würden Sie eine Ewigkeit brauchen, es zu erfassen!«

Wortspiele

Wortspiele holen einen versunkenen oder im Alltag kaum benutzten Wortschatz wieder hervor. Sie fördern die Sprachgewandtheit, das differenzierte Formulieren und regen zu einer intensiven Kommunikation an. Weiterhin werden Merkfähigkeit und Erinnerungsvermögen gefördert.

Anfang & Ende

Welche Wörter beginnen und enden mit dem gleichen Buchstaben? Beispielsweise: **T**rach**t**

Ei – Ei – Ei

Welche Wörter enthalten einmal die Buchstabenkombination »EI« oder zweimal »EI« oder sogar dreimal »EI«? Beispielsweise: F**ei**er, b**ei**spielsw**ei**se, …

Stamm – Krone – Schule

Für diese drei Begriffe gibt es das gemeinsame »Vorwort« Baum: Baumstamm, Baumkrone, Baumschule. Finden Sie jeweils drei oder vier Wörter, die ein gemeinsames »Vorwort« haben.

Vorsatz

Welche Wörter enden mit der Silbe »satz«? Beispielsweise: Vorsatz

Pläne

1. Was können Sie alles machen? Beispiel: Pläne
2. Welche Pläne fallen Ihnen ein? Beispiel: Stadtplan

Hansestadt Bremen HB

- Welche zusammengesetzten Wörter enthalten die Buchstabenkombination »HB«, wie z. B. Bac**hb**reite?
- Bei welchen zusammengesetzten Wörtern beginnt der erste Wortteil mit »H« und der zweite mit »B«, wie z. B. **H**onig**b**rot?

Amsel & Lerche

1. Gesucht werden jeweils Hauptwörter eines Themas, die mit dem letzten Buchstaben des vorangegangenen Begriffes beginnen.
   Wie lang wird Ihre Kette? Beispielsweise eine »Vogelkette«:
   Amsel – Lerche – Elster – Rabe ...
2. Sie können auch eine Wörterkette aus beliebigen Begriffen entwickeln und dabei jeweils die letzten beiden Buchstaben verwenden.
   Lerche – Hebel – Ellenbogen – Engel ...

Von Fensterbank bis Schlüsselbart

Gesucht werden jeweils Wörter, die mit dem letzten Teil des Anfangswortes beginnen und so lange fortgeführt werden, bis das Zielwort erreicht ist. Beispielsweise: Fensterbank (Anfangswort) – Banktresor – Tresorschlüssel – Schlüsselbart (Zielwort)

1. Küchenschürzen (Anfangswort) → Lehrerzimmer (Zielwort)
2. Geschirrschrank (Anfangswort) → Zimmerdecke (Zielwort)
3. Waldmeister (Anfangswort) → Gürtelschnalle (Zielwort)
4. Altenheim (Anfangswort) → Kopfstand (Zielwort)

Orange & Organe

Diese zwei Wörter enthalten die gleichen Buchstaben. Anfang und Ende sind gleich – nur in der Wortmitte sind die Buchstaben vertauscht.
Finden Sie weitere Wörter, bei denen durch das Vertauschen der Buchstaben in der Wortmitte neue Begriffe entstehen.

Haus – Schall – Klage

Für diese drei Begriffe gibt es das gemeinsame »Nachwort« Mauer: Hausmauer, Schallmauer, Klagemauer. Finden Sie jeweils drei oder vier Wörter, die ein gemeinsames »Nachwort« haben.

Pizzamuffel

Der Pizzamuffel mag keine Pizza. Was können Sie alles essen und trinken, ohne die Buchstaben aus dem Wort »PIZZA« zu benutzen?

Keule & Beule

Es werden Wortpaare gesucht, die sich reimen. Bilden Sie dann Sätze, in denen die Wortpaare sinnvoll vorkommen.

Kopf & Birne

1. Welche Begriffe fallen Ihnen noch für den Begriff »Kopf« ein?
2. Welche Begriffe können Sie für den Begriff »Wohnung« noch verwenden?
3. Schreiben Sie eine Geschichte, in der viele der gefundenen Wörter vorkommen.

Gehen & schlendern

1. Welche Wörter können Sie für das Tätigkeitswort »gehen« noch verwenden?
2. Welche Ersatzwörter für das Wort »übertreiben« fallen Ihnen ein?
3. Welche Wörter können Sie statt »finden« benutzen?

Steinadler & Steinkraut

In welchen Pflanzennamen und Tiernamen kommen Gegenstände oder andere Objekte vor?

Scheibenwischer & Flaschenöffner

Welche Gegenstände und Objekte haben Namen, die nach seltsamen Berufen klingen?

Was ist versteckt?

1. Gesucht werden Begriffe, in denen **Städte** versteckt sind.
   Beispiel: A**rom**a
2. Gesucht werden Begriffe, in denen **Zahlen** versteckt sind.
   Beispiel: L**eins**amen
3. Gesucht werden Begriffe, in denen **Pflanzen** versteckt sind.
   Beispiel: **Kohl**en
4. Gesucht werden Begriffe, in denen **Menschen** versteckt sind.
   Beispiel: Pflau**mensch**naps
5. Gesucht werden Begriffe, in denen **Körperteile** versteckt sind.
   Beispiel: Sc**herz**
6. Gesucht werden Begriffe, in denen **Farben** versteckt sind.
   Beispiel: I**gelb**ehausung
7. Gesucht werden Begriffe, in denen **Tätigkeiten** versteckt sind.
   Beispiel: Verg**essen**
8. Gesucht werden Begriffe, in denen **Eigenschaften** versteckt sind.
   Beispiel: S**treu**salz

Versteckallerlei

In den folgenden Wörtern ist eine Menge versteckt.
Welche versteckten Wörter finden Sie?

Artischocken	**Bahnschwellen**	**Blumenschmuck**
Chorkantate	**Camparischenke**	**Couchgarnitur**
Daumenschrauben	**Dreifelderwirtschaft**	**Dromedar**
Ehering	**Extrablatt**	**Elektrotechnik**
Fantasiebenutzer	**Fensterleder**	**Flammenschwert**
Gastarbeiter	**Glastür**	**Geschenk**
Hammer	**Huferneuerung**	**Haltestelle**
Kleibernest	**Krankenschwester**	**Knabbernüsse**

Lebensmittelchemie	**Lauchauswahl**	**Laubeinfärbung**
Magentest	**Marmelade**	**Marineunteroffizier**
Pflaumenschnaps	**Palmenschatten**	**Porzellandose**
Schlauberger	**Schulmannschaft**	**Sagenfigur**
Taugeschwindigkeit	**Tarzangeheule**	**Talgentfernung**
Verwalter	**Vogelbauer**	**Verlustanzeigen**

Schlauberger

Schreiben Sie einen Begriff der Übung »Versteckallerei«, z.B. SCHLAUBERGER, in Großbuchstaben.
Bilden Sie aus den Buchstaben viele neue Wörter. Jeder Buchstabe darf in einem Wort nur so oft vorkommen wie in dem ursprünglichen Begriff.
Beispiele: Sau, Grau, Rausch, ...

Kiel & Knopf

1. Gesucht werden einsilbige Städte – Beispiel: Kiel
2. Gesucht werden einsilbige Tiere – Beispiel: Kuh
3. Gesucht werden einsilbige Gegenstände – Beispiel: Knopf
4. Gesucht werden einsilbige Pflanzen – Beispiel: Klee
5. Gesucht werden einsilbige Berufe – Beispiel: Koch
6. Gesucht werden einsilbige Lebensmittel – Beispiel: Ei
7. Gesucht werden einsilbige Körperteile – Beispiel: Herz
8. Gesucht werden einsilbige Kleidung – Beispiel: Kleid

Leitung & Lieferant

Gesucht werden jeweils Begriffe mit der gleichen Endung.
Beispiele:

1. Leitung, Zeitung, ...
2. Lieferant, Praktikant, ...
3. Munition, Station, ...
4. Igel, Kugel, ...
5. kräftiger, bärtiger, ...
6. bürokratisch, praktisch, ...
7. stattlich, königlich, ...

Schlau & gut

1. Gesucht werden Eigenschaftswörter ohne den Buchstaben »E« – Beispiel: traurig
2. Gesucht werden Eigenschaftswörter mit zwei (drei) Silben – Beispiele: artig, (verzweifelt)
3. Gesucht werden Eigenschaftswörter mit mindestens drei unterschiedlichen Vokalen – Beispiele: h**e**llbl**au**, t**au**fr**i**sch

Marmelade & Mirabelle

In den beiden Wörtern Marmelade und Mirabelle stecken die Buchstaben »MEER«

- Welche Wörter enthalten noch diese Buchstaben?
- Finden Sie weitere Wörter, die bestimmte Buchstaben gemeinsam haben.

Buchrücken & Fußnote

1. Welche Begriffe – außer Buchrücken und Fußnote – fallen Ihnen ein, in denen Körperteile vorkommen?
2. Finden Sie Begriffe, in denen Gegenstände aus Wohnungen vorkommen. Beispiel: Flussbett
3. In welchen Begriffen, kommt ein Tier vor, ohne dass es um ein Tier geht. Beispiel: Krähenfüße

Baden gehen!

1. Welche Begriffe beginnen mit der Silbe »Bad«? Beispiel: Badesalz
2. Welche Begriffe enden mit der Silbe »bad«? Beispiel: Schwimmbad
3. In welchen Wörtern kommen die Buchstaben »BAD« in beliebiger Reihe vor? Beispiel: **Dar**b**i**etung
4. Kennen Sie Redewendungen und Sprüche, in denen es ums Baden geht?

Ausschluss

1. Peter reist nicht gerne nach **Hamburg**.
   Wohin fährt er, wenn die Städte-, Länder- oder Inselnamen die Buchstaben aus dem Wort »HAMBURG« nicht enthalten dürfen?
2. Welche Tiere mag Vanessa, wenn sie keine **Loewen** mag?
   Ihre Lieblingstiere dürfen also die Buchstaben aus dem Wort »LOEWEN« nicht enthalten.
3. Inge hat in ihrem Garten keinen **Ahorn**.
   Welche Pflanzen wachsen dort (ohne die Buchstaben des Wortes »AHORN«)?
4. Malte fährt gern **Zug**.
   Womit fährt er nicht gerne (ohne die Buchstaben des Wortes »ZUG«)?
5. Thomas zieht keinen **Pulli** an.
   Was trägt er (ohne die Buchstaben des Wortes »PULLI«)?
6. Wo können Sie **Urlaub** machen?
   Die Buchstaben des Wortes »URLAUB« sind nicht erlaubt.

Frosch & frisch

Gesucht werden Wortpaare (einsilbig und zweisilbig) – wie Frosch und frisch – bei denen Anfangs- und Endbuchstaben gleich sind und in der Mitte sich der Vokal ändert.

Umtausch

Tauschen Sie die Buchstaben der Wörter und bilden Sie so neue Wörter:

Eis, Kanten, Dome, Sahne, Sage, Dohle, Basel, Lage, Stier, Liste, Dame, Reibe, Liebe, Senior, Star, Niere, Store, Regel, Adel, Nebel, Regal, aber, Oslo, Liese, Nabel, Natter, nobel, Stiele, Legal, Mehl, Schale, Almen, Sache, Raster

Kennen Sie weitere Wörter, bei denen durch Buchstabentausch andere Wörter entstehen?

Sprüche & Zitate & Redewendungen & Redensarten

Redewendungen und Redensarten sowie Sprichwörter und Zitate sind vor allem älteren Menschen sehr vertraut. Mit den Redewendungen aktiviert man die rechte Hirnhälfte und damit das Vorstellungsvermögen. So können Gedankenbilder gemalt werden, die wiederum eine gute Übung für die Merkfähigkeit und das Erinnerungsvermögen sind.

Allerlei

1. Gesucht werden Redewendungen, in denen ein Wort mit »K« vorkommt.
2. Gesucht werden Redewendungen, in denen das Wort »dick« vorkommt.
3. Gesucht werden Redewendungen, in denen ein Möbelstück vorkommt.
4. Gesucht werden Redewendungen, in denen das Wort »sehen« vorkommt.
5. Gesucht werden Redewendungen, in denen Berufe vorkommen.

Da geht mir der Hut hoch

Welche Kleidungsstücke fehlen bei diesen Redewendungen?

1. Jemanden mit ______________________________ anfassen.
2. Das geht in die ______________________________.
3. Das geht über meine ______________________________.
4. Das ________________________ ist mir näher als die ________________________.

5. ______________________________ machen Leute.

6. Sich auf die ______________________________ machen.

7. Seinen ______________________________ nach dem Wind drehen.

8. ______________________________ und gespornt sein.

Jemanden zum Fressen gern haben

Bei diesen Redewendungen und Sprüchen geht es um Essen und Trinken.
Wie schnell können Sie die Lücken füllen?

1. Sich nicht die ______________________________ vom ______________________________ nehmen lassen.
2. Jetzt geht es ans ______________________________.
3. Das geht so schnell wie das ______________________________.
4. Auseinandergehen wie ein ______________________________.
5. Wer nie sein ______________________________ im Bette aß, weiß nicht wie ______________________________ pieken.
6. Um den heißen ______________________________ reden.
7. Das ist allererste ______________________________.
8. Den ______________________________ riechen.
9. Ein Haar in der ______________________________ finden.
10. Das ist kalter ______________________________.

Kennen Sie weitere Redewendungen und Sprüche zu diesem Thema?

Sich aus dem Staub machen

Gesucht werden Redewendungen und Sprüche, in denen etwas gemacht wird.

Gemüse

Wie schnell finden Sie die richtigen Gemüsesorten für die Lücken?

1. So dumm wie ______________stroh?
2. Da haben wir den ______________.
3. Dünn sein wie eine ______________stange.
4. Wie ______________ aus dem Boden schießen.
5. Es ist alles durcheinander wie ______________ und ______________.
6. Er hat ______________ in den Ohren.
7. Er geht wie ein Storch im ______________.
8. Es wird alter ______________ aufgewärmt.
9. Sie gibt ihren ______________ dazu.
10. Sie hat ______________ auf den Augen.

In voller Blüte stehen

Gesucht werden Redewendungen und Sprüche, in denen das Wort »stehen« vorkommt.

Lücken füllen

Welche Wörter fehlen hier?

1. Worte sind ______________________ und Rauch.
2. Eigener ______________________ist Goldes wert.
3. ______________________ bleib’ bei deinen Leisten.
4. Seine ______________________ zu Markte tragen.
5. Jemandem ______________________ ums Maul schmieren.
6. Die ______________________ ins Korn werfen.
7. Jemanden in die ______________________ schicken.
8. Wie eine ______________________ im Heuhaufen.
9. Jemandem auf der ______________________ liegen.
10. Der ______________________ steckt im Detail.
11. Erfinden sie eine kleine Geschichte, in der viele Redewendungen vorkommen.

Jemanden in den Schatten stellen

Gesucht werden Redewendungen und Redensarten mit dem Wort »stellen«.

Wurzeln schlagen

Gesucht werden Redewendungen und Redensarten mit dem Wort »schlagen«.

Mit Händen und Füßen reden

Gesucht werden Redewendungen und Redensarten mit dem Wort »reden«.

Heiraten ist gut, nicht heiraten ist besser

- Kennen Sie diesen Bibelspruch und wissen Sie, wo er steht?
- Gesucht werden Wörter mit den Silben »Rat« und »rat«.

Sie säen nicht, sie ernten nicht

- Können Sie diesen Bibelausspruch vollständig wiedergeben?
- Welche Tätigkeiten mit dem Buchstaben »Ä« gibt es?

Salz der Erde

- Um was geht es hier?
- Wer wird in der Bibel so genannt?
- Wozu brauchte man früher im Haushalt unbedingt Salz?

Wie Schuppen von den Augen fallen

- Wissen Sie, woher dieser Spruch kommt?
- Das Wort »SCHUPPEN« ist ein Teekesselchen. Welche Bedeutungen kennen Sie?

Denkzettel

- Wo in der Bibel ist von einem Denkzettel die Rede?
- Welche Zettel fallen Ihnen noch ein?

Buch mit sieben Siegeln

- Wissen Sie, wo dieser Ausspruch steht?
- Gesucht werden Wörter, die die Silben »Sieg« und »sieg« enthalten.
- Gesucht werden Redewendungen und Sprüche, in denen ein Buch vorkommt.

Linsengericht

- Wissen Sie, in welchem Fall dieses Gericht von großer Bedeutung war?
- Welche anderen »Gerichte« (wörtlich und im übertragenen Sinn) kennen Sie?

Liebe deinen Nächsten wie dich selbst

- Wo steht das geschrieben?
- Welche Arten von Liebe kennen Sie?

Der Mensch lebt nicht von Brot allein

- Wissen Sie, wo das steht?
- Alle Dinge, die man essen kann mit »B«: ...

Krethi & Plethi

- Was bedeuten diese Namen?
- Welche »Pärchen« kennen Sie noch?

Das ist der Stein des Anstoßes

- Wo steht das geschrieben?
- Welche Steine und Edelsteine kennen Sie?
- Gesucht werden Begriffe von A–Z, die an einen »Stein« angehängt werden können, z. B. Steinaxt, Steinbach, ...

Vom Scheitel bis zur Sohle

- Wo steht das?
- Fallen Ihnen Wörter ein, die mit »S« beginnen und mit »EL« enden?

Sich etwas über den Kopf wachsen lassen

- Worauf geht dieser Ausspruch zurück?
- Was kann alles wachsen?

Auf keinen grünen Zweig kommen

- Was bedeutet das?
- Gesucht werden Begriffe, die die Silbe »zweig« enthalten.

Bleibe im Lande und nähre dich redlich

- Wissen Sie, wo das steht?
- Gesucht werden Begriffe und Redewendungen mit der Silbe »Land«.

Reden ist Silber, Schweigen ist Gold

- Wo steht das geschrieben?
- Kennen Sie noch mehr Redewendungen oder Sprüche in denen diese Metalle vorkommen?
- Gesucht werden Pflanzen- und Tiernamen, in denen Gold und Silber steckt.

Mit gleicher Elle messen

- Was bedeutet das?
- Gesucht werden Wörter, in denen die Buchstaben des Wortes ELLE vorkommen, einmal ohne vertauscht zu werden und einmal in beliebiger Reihenfolge. Beispiele: Wellen, Flegel

Musik & Lieder

Melodien und Lieder aktivieren das Langzeitgedächtnis – nahezu jeder kann etwas dazu beitragen. Wird in der Gruppe geraten und gesungen, stärkt dies das Gemeinschaftsgefühl und sorgt für eine entspannte und fröhliche Atmosphäre.

Liederraten

In welchen Liedern kommen diese Zeilen vor?

1. Welch' ein Singen, Musizieren, Pfeifen, Zwitschern, Tririlieren ...
2. Lasst das Haus, kommt hinaus, windet einen Strauß ....
3. Es hat nicht Ruh bei Tag und Nacht, ist stets auf Wanderschaft bedacht, ...
4. Der Wald steht schwarz und schweiget, und aus den Wiesen steiget, ...
5. Aus Blumen und aus Vogelsang weiß er sich nichts zu machen ...
6. Auf, sattelt mir mein Pferd und legt darauf den Mantelsack ...
7. Der Bäcker dann Zwieback und Kuchen draus bäckt, der immer den Kindern ...
8. Die Bäurin, die Mägde, sie dürfen nicht ruhn; Sie haben in Haus und im Garten ...
9. Es blühen Blümlein auf dem Feld, sie blühen weiß, blau, rot und gelb ...
10. Wie möchte ich doch so gerne ein Veilchen wieder sehn ...
11. Die Sterne sind die Lämmerlein, ... Der Mond der ist der Schäferlein ...
12. Wie viele Fische sich auch kühlen in der hellen Wasserflut ...
13. ... fraßen ab das grüne grüne Gras ...

In München steht ein Hofbräuhaus

Gesucht werden Lieder, die Städte besingen.

An der Saale hellem Strande

Gesucht werden Lieder, in denen Flüsse vorkommen.

Ein Männlein steht im Walde

Gesucht werden Lieder, in denen der Wald besungen wird.

Ein Jäger aus Kurpfalz

Gesucht werden Lieder, in denen es um die Jagd geht.

Guten Abend, gute Nacht

Gesucht werden Lieder, in denen der Abend und die Nacht vorkommen.

Die lustige Witwe

Summen Sie doch mal eine berühmte Melodie aus dieser Operette. Wissen Sie, wer diese Operette komponiert hat?

Ach, ich hab sie ja nur auf die Schulter geküsst …

- Aus welcher Operette ist dieses Lied?
- Wer ist der Komponist?
- Gesucht werden Lieder, in denen ein Körperteil besungen wird.

Oh, ich bin klug und weise

- Wie geht es weiter?
- Aus welcher Operette ist dieses Lied?
- Wer hat die Melodien dieser Operette komponiert?
- Kennen Sie weitere Werke und berühmte Melodien dieses Komponisten?

Das Land des Lächelns

- Wer hat die Melodien im »Land des Lächelns« komponiert?
- Gesucht werden heute Titel von Operetten und Opern, die mindestens ein L enthalten.

Schlösser, die im Monde liegen

- Aus welcher Operette ist dieses Lied?
- Wer ist der Komponist?

Ich tanze mit dir in den Morgen

- Wer hat diesen Schlager gesungen?
- In welchen Liedern wird getanzt?

Du sollst der Kaiser meiner Seele sein

- Wer ist der Komponist dieses Liedes?
- In welchen Liedern und Melodien geht es um Kaiser, Könige und Prinzen?

O wie so trügerisch sind Weiberherzen

- Aus welcher Oper ist dieses Lied?
- Wer ist der Komponist?
- In welchen Liedern wird das Herz besungen?

Dichter & Gedichte

Gedichte lassen Kindheits- und Schulzeiterinnerungen wieder auftauchen, verschaffen Erfolgserlebnisse, geben Sicherheit und stärken das Vertrauen in einer Gruppe. Das Langzeitgedächtnis wird aktiviert und die Kommunikation angeregt.

Gedichte erraten I

Wie lauten die Titel der folgenden Gedichte und wie heißen die Dichter?

1. Burg Niedeck ist im Elsaß der Sage wohl bekannt, die Höhe, wo vor Zeiten die Burg der Riesen stand, sie selbst ist nun verfallen, die Stätte wüst und leer, du fragest nach den Riesen, du findest sie nicht mehr. ...
2. Wem Gott will rechte Gunst erweisen, den schickt er in die weite Welt, ...
3. Lieblich war die Maiennacht, Silberwölkchen flogen, ...
4. Schaurig ist's übers Moor zu gehen, wenn es wimmelt vom Heiderauche, ...
5. Wer hat dich, du schöner Wald, aufgebaut so hoch da droben? ...
6. Am Brunnen vor dem Tore, da steht ein Lindenbaum; ...
7. Wären wir weiter, O wär' ich zu Haus! ...
8. Er saß beim Königsmahle, die Ritter um ihn her. ...
9. Als noch verkannt und sehr gering, unser Herr auf Erden ging. ...
10. Es ist so still; die Heide liegt im warmen Mittagssonnenstrahle ...
11. Durch Feld und Buchenhallen bald singend, bald fröhlich still, ...

Tierische Titel

Kennen Sie Romane, Novellen oder Märchen, in denen Tiere vorkommen? Welche?

»Von Katzen« – Theodor Storm

Welche Tiere fehlen in diesen Gedichttiteln und Gedichtzeilen? Kennen Sie die Dichter?

1. Fipps der ______________________ von Wilhelm ______________________
2. Im Anfang war die ______________________ von Heinrich ______________________
3. Die ______________________ sehen alle aus, als ob sie Emma ... von Christian ______________________
4. Molly, ein begabter ______________________ von Wilhelm ______________________
5. Ein ______________________, der mit gutem Fug ... von Heinrich ______________________
6. Vor seinem ______________________garten, das Kampfspiel ... von Friedrich ______________________
7. In Hamburg lebten zwei ______________________ die wollten nach ... von Joachim ______________________

Tiere gesucht

- Um welche Tiere geht es in diesen Gedichten?
- Wer sind die Verfasser?
  1. Es ist gelungen und um sich schiefzulachen, was die für Streiche machen.
  2. Der Tauwind kam, das Eis zerschmolz, nun ruderten sie und landeten stolz ...
  3. ... kennst du des Königs Order nicht? Ist nicht der Frieden längst verkündigt und ...
  4. Sein Blick ist vom Vorübergehn der Stäbe so müd' geworden, dass er nichts ...
  5. Unterm Schirme tief im Tann, hab ich heut gelegen, durch die Zweige rann.
  6. ... der auf Korinthus Landesenge der Griechen Stämme froh vereint...
  7. .... schon der Ausdruck ihrer Mienen bei gesträubter Haarfrisur ...
  8. Es war die erste Maiennacht. Kein Mensch im Dorf hat mehr gewacht, ...

Pflanzen-Gedichte

Kennen Sie Gedichte, in denen Pflanzen vorkommen, wie z. B. »Im Moose« von Annette von Droste-Hülshoff? Welche?

Gedichtanfänge

Mit welchen Worten beginnen die folgenden Gedichte?
Wer sind die Dichter?

1. Der Taucher
2. Der Fischer
3. Das Blumenbeet

Gedichte erraten II

Aus welchen Gedichten stammen diese Zeilen und wer sind die Verfasser?

1. Es ist eine alte Geschichte, doch bleibt sie immer neu; ...
2. Fest hält die Fibel das zitternde Kind und rennt als ob man es jage ...
3. Die Jahre kommen und vergehn seit ich die Mutter nicht gesehn.
4. Wenn gute Reden sie begleiten, dann fließt die Arbeit munter fort.
5. Vor Kälte ist die Luft erstarrt, es kracht der Schnee von meinen Tritten, ...
6. Halte dich still, halte dich stumm, nur nicht forschen warum?
7. Es lächelt der See, er ladet zum Bade; der Knabe schlief ein am grünen Gestade, ...

Wer hat’s geschrieben?

1. Wer jetzt kein Haus hat, baut sich keines mehr.
   Wer jetzt allein ist, wird es lange bleiben,
   Unruhig wandern, wenn die Blätter treiben.

2. Drum prüfe, wer sich ewig bindet,
   Ob sich das Herz zum Herzen findet!
   Der Wahn ist kurz, die Reu ist lang

3. Dies für den und das für jenen,
   Viele Tische sind gedeckt.
   Keine Zunge soll verhöhnen,
   Was der anderen Zunge schmeckt.

4. Der Hering ist ein salzig Tier,
   Er kommt an vielen Orten für.
   Wer Kopf und Schwanz kriegt, hat kein Glück.
   Am besten ist das Mittelstück.

5. Es wird mit Recht ein guter Braten
   Gerechnet zu den guten Taten.
   Und dass man ihn gehörig mache,
   Ist weibliche Charaktersache.

Gedächtnis & Kreativität

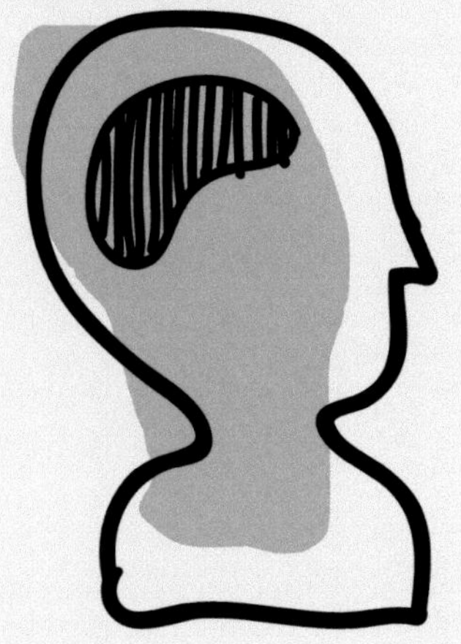

Um das Kurzzeitgedächtnis zu verbessern und in Zukunft möglichst wenig zu vergessen, gilt es fantasievoll die Vorstellungskraft zu stärken. Bei allen Gedächtnistechniken geht es immer wieder darum, Gedankenbilder zu »malen«. Je öfter Sie das trainieren, desto schneller kommen im Alltag Ihre »eigenen« Bilder und unterstützen Ihr Gedächtnis.

Gedankenbilder malen I

Stellen Sie sich vor, Sie sind ein Maler und bekommen die Aufgabe, jeweils zwei Begriffe in einem Bild möglichst lustig oder verrückt darzustellen. Wie würden Ihre Bilder zu folgenden Begriffen aussehen? Mal sehen, an welche Bilder Sie sich später noch erinnern können. Je absurder und fantasievoller die Gedankenbilder sind, desto besser ist die Merkfähigkeit.

1. Haus + bunter Schal
2. Igel + Wolle
3. Johannisbeerstrauch + Badeschaum
4. Klavier + Mülleimer
5. Lichtschalter + Tomatenketchup
6. Mond + Toilettenpapier
7. Nixe + Wolldecke

Gedankenbilder malen II

Verbinden Sie wieder jeweils zwei Begriffe zu einem möglichst fantasievollen Bild. Tipp: Die ersten Begriffe symbolisieren jeweils Zahlen.

1. Schornstein + Rosen
2. Brille + Spaghetti
3. Dreibeinschemel + Pizza
4. Stuhl + Hähnchen
5. Hand + blaue Schuhcreme
6. Würfel +Sahne
7. Zwerge + Gänsebraten
8. Schleife + Kuchen
9. Kegel + Rotwein
10. Bibel + Salami

Geschichten erfinden

Erfinden Sie kleine Geschichten, in denen jeweils drei Begriffe vorkommen.

1. Couch + Katzenfutter + Eier
2. Blumenstrauß + Eimer + Zeitung
3. Torte + Haarbürste + Geige
4. Stempel + Fenster + Nüsse
5. Lampe + Bratwurst + Fernseher
6. Sessel + Orangensaft + Gardinen
7. Kartoffeln + Schrank + Fisch
8. Bett + Marmelade + Stiefel
9. Spiegel + Lippenstift + Wolke
10. Auto + Haferflocken + Mondgesicht

Spiegel-Einkauf

Ihr Einkaufszettel: Salat, Schnittlauch, Petersilie, Senf, Gewürzgurken, Rouladen, Spagetti, Tomatenketchup, Erdbeerjogurt, Milch

So klappt es mit dem Merken: Stellen Sie sich vor, Sie stehen vor einem großen Spiegel und Ihr Spiegelbild bringt Sie zum Lachen. Denn auf dem Kopf haben Sie – kunstvoll drapiert – einen Salatkopf und um den Hals sind viel zu weich gekochte Spaghetti geschlungen. Ihre weiße Bluse haben Sie mit Tomatenketchup bekleckert und um Ihre Arme sind jeweils Rouladen gewickelt. In der linken Hand halten Sie ein Glas Senf und in der rechten Hand ein Glas Gurken. Auf dem linken Hosenbein ist das Bild eines Erdbeerjogurtbechers und auf dem rechten Hosenbein ist eine weiße Milchflasche gemalt. Als Sie auf Ihre nackten Füße schauen, sehen Sie zwischen den Zehen Schnittlauch und Petersilie sprießen. Wenn Sie dieses Spiegelbild so genau vor Augen haben wie ein lustiges Gemälde, so werden Sie beim Einkaufen nichts vergessen – auch ohne Einkaufszettel.

Wohnzimmer-Einkauf

Ihr Einkaufszettel: Fisch, Zeitschriften, Erbsen, Mineralwasser, Haferflocken, Salami, Camembert, Pilze, Cornflakes, Kirschmarmelade, Eier, Mehl, Olivenöl, Weißbrot

So klappt es mit dem Merken: Stellen Sie sich vor, Sie stehen mitten im Wohnzimmer und trauen Ihren Augen nicht. Auf die Tür ist ein riesengroßer Fisch gemalt, die Fenster sind mit Zeitschriften verklebt, in der einen Ecke steht ein Turm aus Erbsendosen, in der zweiten Ecke ein Turm aus Wasserkästen, in der dritten Ecke steht ein Turm aus Olivenölflaschen und in der vierten Ecke sind Weißbrote aufgestapelt. Von der Decke hängen Salamiwürste und auf dem Teppich sprießen Pilze. Die schöne Wohnzimmerlampe scheint jemand mit Eiern beworfen zu haben. Es tropft auf den Couchtisch, der mit Mehl bestäubt ist. Auf der gelben Couch hat jemand Kirschmarmelade verschmiert und oben auf dem Schrank stehen lauter Cornflakes-Schachteln.

Gedächtnis & Kreativität – Gruppenübungen

Gedächtnis- und Kreativitätsübungen sollen die Vorstellungskraft stärken, damit sich die Merkfähigkeit allgemein verbessert. Deshalb geht es nicht in erster Linie darum, möglichst viele Dinge auswendig zu lernen, sondern in Gedanken Bilder zu malen. Je »merk-würdiger« diese Vorstellungen sind, desto einprägsamer und dauerhafter sind sie.

Kofferpacken für den Urlaub

Spielen Sie das Spiel »Koffer packen« für einen Urlaub am Meer (alternativ: in den Bergen) mit zwei kleinen Kindern.
Packen Sie die Koffer für einen Urlaub ohne Kinder nach Grönland.

Koffer packen mit Allerlei

Packen Sie den Koffer mit Dingen, die unterschiedliche Eigenschaften haben. Jeder Teilnehmer nennt ein Ding das spitz, rund, eckig, scharf, weich, hart, glatt, dünn, sehr klein, sehr groß, flüssig usw. ist.
Alle Teilnehmer versuchen, sich die Dinge in der richtigen Reihenfolge einzuprägen.

Koffer packen mit Fantasie

Packen Sie den Koffer nicht mit Gegenständen, sondern in den folgenden Versionen:
Jeder Teilnehmer nennt ...

- einen Liedtitel
- einen Gedichttitel
- einen Buchtitel
- einen Kunsttitel
- eine berühmte Frau oder einen berühmten Mann

Die Geschichte vom Klapperstorch

Kennen Sie die Telefonnummer des Klapperstorches? Nein?
Sie lautet: 251493. Warum? Wenn 2 in 5 Minuten 1 werden, dann wissen Sie in 4 Wochen, ob sie in 9 Monaten zu dritt sein werden.

Sie können natürlich für jede Telefonnummer eine eigene kleine Geschichte erfinden, um Ihr Gehirn und Ihr Vorstellungsvermögen zu stärken. Sie können auch lustige Sätze bilden. Schreiben Sie zunächst die Zahlwörter von 0–9 auf: NULL–EINS–ZWEI–DREI–VIER–FÜNF–SECHS–SIEBEN–ACHT–NEUN

Wenn Sie sich nun eine Telefonnummer merken wollen, schreiben Sie für die Ziffern die Anfangsbuchstaben der Zahlwörter und bilden dann einen Satz, in dem die Wörter mit diesen Buchstaben beginnen. Da die Zahlen Sechs und Sieben beide mit einem S beginnen und Null und Neun mit einem N, sollte man diese Zahlen direkt in den Satz einbauen. Alternativ können Sie auch ein Wort mit SE für Sechs oder SI für Sieben oder NU für Null oder NE für Neun finden.
Beispiel 3215634: **D**onnerstags **z**ahlt **e**r **f**ür **s**echs **D**oppelkorn und ist **v**eilchenblau. (NULL–**E**INS–**Z**WEI–**D**REI–**V**IER–**F**ÜNF–**SECHS**–SIEBEN–ACHT–NEUN)

Mitbringsel

Jeder Teilnehmer bringt einen kleinen Gegenstand mit. Diese Gegenstände werden in die Mitte des Tisches gelegt und mit einem Tuch zugedeckt. Der Reihe nach versucht jeder durch Ertasten seinen Gegenstand zu finden und sagt dann einen möglichst lustigen Satz dazu.

Formen beschreiben (Papier & Stift)

Jeder Teilnehmer beschreibt eine Form oder ein einfaches Objekt und die anderen Teilnehmer zeichnen das Gehörte. Wenn alle Teilnehmer an der Reihe waren, werden die Blätter umgedreht, die Formen/Objekte werden genannt und die Malergebnisse angeschaut.

Elefantengeschichte

In der Gruppe wird eine Geschichte erzählt, indem jeder einen Satz ergänzt, der mit dem letzten Wort des vorausgegangenen Satzes beginnt. Der erste Teilnehmer sagt zum Beispiel: »Der Elefant hat einen langen Rüssel.«
Der zweite Teilnehmer sagt: »Rüssel erinnern mich an riesige Würmer.«
Der Dritte: »Würmer sind wichtig für den Garten.«
Der Vierte: »Gartenarbeit finde ich toll.«
Die Teilnehmer merken sich die Geschichte bzw. die Satzanfänge.

Gedichte erfinden

In der Gruppe werden möglichst lustige Gedichte kreiert und gemerkt. Der erste Teilnehmer sagt die erste Zeile, der zweite Teilnehmer wiederholt die erste Zeile und ergänzt um eine zweite Zeile usw. Bestenfalls reimen sich dabei noch einige Begriffe.
Beispiel:

1. Ich esse gerne Reis.
2. Ich esse gerne Reis und ab und zu ein Eis.
3. Ich esse gerne Reis und ab und zu ein Eis. Sonntags gibt es Mais.

Speisekarte à la Kofferpacken von A–Z

Bei diesem Gedächtnisspiel geht es darum, sich Gerichte und Orte von A–Z zu merken.
In der Gruppe beginnt der erste Teilnehmer mit einem Gericht mit dem Buchstaben A. Der zweite Teilnehmer wiederholt den ersten Satz und ergänzt um ein Gericht mit B.

1. Ich esse gerne Artischockenpüree à la Amsterdam.
2. Ich esse gerne Blumenkohlsuppe nach Berliner Art.

Geschichte

Merken Sie sich möglichst viele Einzelheiten dieser Geschichte und zwar in der vorgegebenen Reihenfolge.

Nick Knatterton fährt in Schuhen mit Kreppsohlen in seinem Kabinenroller zur nächsten Milchbar. Er geht sofort an die Musikbox und wählt den Song: »Pack die Badehose ein.« Währenddessen schwebt Conny, die Verkäuferin, als Micky Maus verkleidet mit blauem Hula-Hoop durch den Raum und trinkt ab und zu aus einer Sammeltasse Muckefuck. Ein junges Mädchen in einem feuerroten Petticoat kommt in einer grasgrünen Isetta angefahren. Sie muss vor dem Zebrastreifen halten, da eine Dame in hauchdünnen Nylons die Straße überquert. Neben dem jungen Mädchen mit Pferdeschwanz erkennt man im Auto ein riesengroßes Sandmännchen.

Gereimte Persönlichkeiten

Nacheinander sagt jeder Teilnehmer einen Satz mit dem Namen einer berühmten Persönlichkeit und ergänzt einen passenden Reim.
Beispiele: Heinrich Heine hatte lange Beine. Hermann Hesse lauschte einer Messe.

Arztgeheimnis

Damit Sie bei Ihrem nächsten Arztbesuch nicht die Fragen vergessen, die Sie dem Arzt stellen wollen, versuchen Sie es einmal mit diesem Taschentrick: Legen Sie sich zuhause ein paar sehr kleine Gegenstände zurecht, die Sie leicht in Ihre Hosen- oder Jackentasche stecken können wie z. B. einen Cent, ein Radiergummi, ein Streichholz, ein Watteballchen, eine Büroklammer usw. Nun nehmen Sie z. B. den Cent in die Hand und fühlen ihn, während Sie sich vorstellen, wie eine Spritze mit – in ihrer Fantasie – blutroten Centstücken gefüllt wird. Das bedeutet, Sie wollen nach Ihren Blutwerten fragen. Wenn Sie das Wattebällchen in die Hand nehmen, stellen Sie sich vor, wie Sie eine blaue Tablette darin verstecken. Sie brauchen diese Tabletten unbedingt wieder neu verschrieben. Wenn Sie das Streichholz in die Hand nehmen, sehen Sie, wie der Arzt das Streichholz anzündet und Ihr Gesicht und Ihren Hals erleuchtet: Sie wollen den Arzt nach dem nächsten Ultraschalltermin der Schilddrüse fragen usw. Sitzen Sie dann im Sprechzimmer, brauchen Sie nur in Ihre Tasche zu greifen und die kleinen Gegenstände zu fühlen und Sie werden nichts vergessen.

Eselsbrücken

Welche Eselsbrücken kennen Sie? Jeder Teilnehmer nennt eine Eselsbrücke und alle merken sich die genannten Eselsbrücken in der richtigen Reihenfolge.

Titelgeschichten

Jeder Teilnehmer nennt den Titel eines Gedichts, eines Romans, eines Gemäldes oder eines Musikstücks, und alle merken sich die Titel in der vorgegebenen Reihenfolge.

Wissen & Erfahrung

Wissensfragen ermöglichen das Abrufen erlernten Wissens. Sie können jedoch auch zu Fantasie und Kreativität führen. Es ist wichtig, möglichst oft kreative Lösungen zuzulassen und nicht zu sagen, »Das ist vollkommen falsch!« Niemals den Mut verlieren, sondern neue Fragen und Übungen mit Freude ausprobieren!

Struwwelpeter

- Wie gehen die folgenden Zeilen weiter?
  1. Konrad, sprach die Frau Mama ...
  2. Es zog der wilde Jägersmann ...
  3. Wenn der Regen niederbraust, ...
- Wer schrieb den »Struwwelpeter«?
- Welche Namen werden im »Struwwelpeter« genannt?

Wer schrieb diese Bücher?

1. Das Tagebuch der Anne Frank
2. Der alte Mann und das Meer
3. Das Brot der frühen Jahre
4. Bonjour tristesse

Katzenköpfe und Donarbesen

1. Was sind Katzenköpfe?
2. Was sind Donarbesen?
3. Wo finden Sie Blaukissen?
4. Was ist ein Dachreiter?
5. Wer war der Pinselheinrich?
6. Was ist ein Schwarzkittel?
7. Was ist ein Schwarzhörer?
8. Was ist eine Haspel?
9. Was ist Knüttelzeug?
10. Was ist ein Panier?
11. Was ist ein Zuber?
12. Was ist eine Tresse?
13. Was ist eine Barke?
14. Was ist eine Bresche?
15. Was ist eine Elle?
16. Was ist eine Eierfrucht?
17. Was sind Blaufelchen?
18. Was ist die grüne Hölle?
19. Was ist eine graue Eminenz?
20. Was sind Rauchwaren?
21. Was war der Gang nach Canossa?
22. Was war das Hornberger Schießen?

Tiere gesucht

Um welche Tiere geht es hier?

- Kugel______________________________
- Kaiser______________________________
- Kartoffel______________________________
- Viel______________________________

Hans Dampf in allen Gassen

- Wie schnell können Sie hier die richtigen Namen ergänzen?
- Kennen Sie Redewendungen und Sprüche, Märchen und Romane, in denen Namen vorkommen?

1. Was ______________ nicht lernt, lernt ______________ nimmermehr
2. ______________ im Glück
3. ______________ Normalverbraucher
4. Schwarzer ______________
5. Vom ______________ zum ______________
6. ______________, sprach die Frau Mama
7. ______________ ist das Leben, heiter die Kunst
8. Seinen ______________ darunter setzen
9. Der dumme ______________
10. Der alte ______________
11. Bei ______________ und Eva anfangen
12. Ein strammer ______________

Hanswurst & Hansaplast

In welchen Begriffen stecken Männernamen? Schreiben Sie auf, welche Ihnen einfallen.

Frankfurter & Wienerle

Kennen Sie die Spezialitäten dieser Städte?

1. Tilsit
2. Braunschweig
3. Aachen
4. Königsberg
5. Berlin
6. Nürnberg
7. Dresden
8. Kiel
9. Leipzig

Goethe-Rätsel

Was wird gesucht?

»Morgens rund,
mittags gestampft,
Abends in Scheiben;
dabei soll's bleiben. Es ist gesund.«

Schusterjunge & Pharisäer

Wissen Sie, um was es hier geht?

1. Was ist Muckefuck?
2. Was ist ein Schusterjunge?
3. Was ist ein Erdapfel?
4. Was ist ein Pharisäer?
5. Was sind Maultaschen?
6. Was ist Blümchenkaffee?
7. Was ist ein Schnitzel Holstein?

8. Welche Blumen sind essbar?
9. Was ist Markusbrot?
10. Was ist Labskaus?
11. Was ist ein Frankfurter Kranz?
12. Was ist Himmel und Erde?
13. Was sind Schillerlocken?
14. Was ist eine Leipziger Lerche?

Flotte Lotte

Wissen Sie, um was es hier geht?

1. Was ist eine flotte Lotte?
2. Was ist ein Zebrakuchen?
3. Was ist ein kalter Hund?
4. Was ist ein Taunus?

Auf einem Bein

- Welches Spielzeug ist hier gemeint?
  »Ich drehe mich auf einem Bein,
  doch ohne Schläge
  bin ich faul und träge
  und leblos wie ein Stein.«
- Mit welchem Spielzeug haben Sie als Kind gespielt?

Rehe in der Dämmerung

- Wer hat das Kunstwerk »Rehe in der Dämmerung« gemalt?
- Kennen Sie weitere Gemälde dieses Malers?
- Welche Tiernamen enden mit einem E – ohne in der Mehrzahl genannt zu werden? Beispiel: Taube
- Erfinden Sie eine kleine Geschichte, in der möglichst viele Tiere vorkommen.

Rätsel

1. »Man kann sie nicht hören,
   man kann sie nicht seh'n,
   doch ohne sie kann nichts gescheh'n.
   Sie können gut und auch böse sein,
   vergisst man sie, ist man leer und allein.«

2. »Es geht doch komisch zu auf der Welt
   Im Frühjahr versteckt mich der Bauer im Feld.
   Im Herbst zieht er aus mit Frau und Kind
   Und sucht, bis er mich wiederfind'.
   Doch dann bin ich nicht mehr allein,
   ich habe viele Kinderlein.«

3. »Zur Freude vieler Menschen hat der Schöpfer mich erdacht
   Und hat als kleines, scheues Wesen mich gemacht.
   Meine Wiege steht in der Natur,
   Bemerkbar mach' ich mich in Moll und Dur.
   Und in meinem kleinen Köpfchen
   Hab ich Augen, anzusehen wie zwei dunkelbraune Knöpfchen.
   Auch mein Federkleidchen – unauffällig grau und in olivbraun –
   Wird durch meine leuchtendrote Weste aufgeputzt
   Und ist prächtig anzuschaun.
   Diese wird in meinem Namen auch genannt
   Und macht mich (na rate mal) als ... bekannt.«

4. »Gekrönt bin ich mit blauer Krone,
   solang' ich schön bin und sehr jung;
   doch werd' ich älter verlier' ich meine Krone,
   stattdessen bindet man ein Band mir um den Leib.«

Apfel-Fragen

1. Warum haben Äpfel rote Backen?
2. Für die Germanen galt der Apfel als Symbol der ____________________.
3. Wer sprach: »Und wenn ich wüsste, dass morgen die Welt unterginge, würde ich heute noch ein Apfelbäumchen pflanzen.«
4. Was ist ein Apfelschimmel?
5. Was ist ein Apfelwickler?

Wissensfragen

1. Welches Tier kann Horn verdauen?
2. Aus welchem Holz werden Geigen überwiegend hergestellt?
3. Was wurde als »Fensterscheiben« in Ritterburgen verwendet?
4. Warum ist der Ausdruck »Türkischer Halbmond« falsch?
5. Seit wann gibt es Radiergummi?
6. Wie nennt man einen Behälter für Pfeile?
7. Wann wurde Schwarz als Trauerfarbe in Europa eingeführt?
8. Was verwendeten die Frauen in der Antike statt eines Reißverschlusses?
9. Wo sitzen beim Regenwurm die Augen?
10. Wohin mündete vor 11.000 Jahren die Themse?
11. Wie lange kennen die Ungarn Paprika als Nationalgewürz?
12. Was ist ein Braken?

Tiere und Eigenschaften

Ordnen Sie diesen Tieren die entsprechenden, ihnen »angedichteten« Eigenschaften zu.

Turteltaube **Elster** **Henne**
Spatz **Biene** **Lamm**
Gans **Esel** **Pfau**
Eule **Hund** **Rabe**
Fuchs **Schaf** **Stier**

Bewegung & Pantomime

Bewegung, Tanz bzw. Sitztanz sowie Fingerübungen und Pantomime gehören zum Konzept des GGT. Das Denken fällt mit Bewegung leichter, da die Durchblutung der Organe und damit auch des Gehirns verbessert wird. Gleichzeitig entspannt der Körper. Stresshormone habe keine Chance.

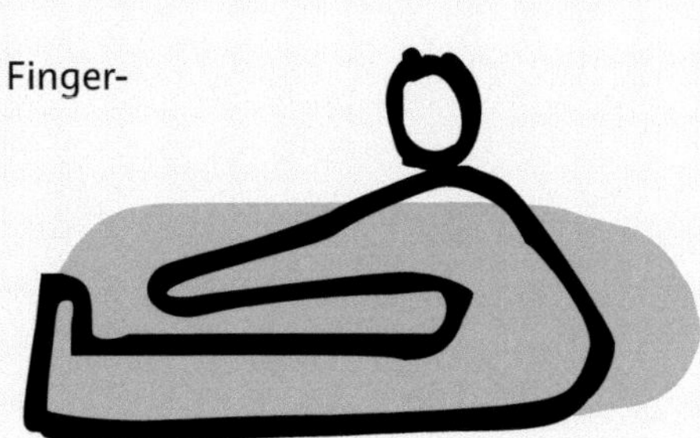

Kopfwäsche

Setzen Sie sich bequem hin, beugen Sie Ihren Kopf leicht nach vorn, spreizen Sie Ihre Finger und legen Sie alle zehn Fingerspitzen auf den Kopf, so als wollten Sie ihn waschen. Drücken Sie leicht auf die Kopfhaut und bewegen Sie die Finger gleichzeitig in alle Richtungen. Zählen Sie bis 15 und richten Sie sich wieder auf.

Nasenmalerei

Setzen Sie sich aufrecht hin und schauen Sie in einen Fantasiespiegel. Ziehen Sie ein paar Grimassen wie ein Clown und malen Sie mit Ihrer Nase auf dem Fantasiespiegel ein Mondgesicht, ein Haus, eine Eistüte mit Eiskugeln usw.

Ohrenziehen

Legen Sie zunächst den rechten Arm über den Kopf und ziehen Sie an Ihrem linken Ohr. Legen Sie dann den linken Arm über den Kopf und ziehen Sie am rechten Ohr.

Pflaumen pflücken

Stellen Sie sich auf Zehenspitzen, strecken Sie einen Arm nach oben und versuchen Sie nun von einem hohen Zweig, an den Sie kaum herankommen, saftige Pflaumen zu pflücken. Atmen Sie dreimal tief ein und aus.

Ein X für ein U vormachen

Setzen Sie sich bequem hin und schließen Sie die Augen. Stellen Sie sich den Buchstaben X ganz deutlich vor. Schreiben Sie gleichzeitig mit dem linken Fuß ein X auf den Fußboden und mit der rechten Hand ein U in die Luft.

Fingertippen

Tippen Sie mit den Fingerspitzen der rechten Hand nacheinander gegen den Daumen der linken Hand. Anschließend machen Sie die Übung umgekehrt.

Klettern

Stellen Sie sich hin und versuchen Sie, auf einen Fantasiebaum zu klettern. Heben Sie abwechselnd das linke und das rechte Bein so hoch wie möglich. Gleichzeitig strecken Sie den rechten bzw. linken Arm weit nach oben.

Wasserbewegungen

Strecken Sie Ihre Hände nach vorn und bewegen Sie zunächst die Finger, um kleine Wellen anzudeuten. Wandern Sie anschließend mit den Händen in Wellenform nach außen.

Dachdecken (für die Gruppe)

Stellen Sie sich hintereinander auf. Lassen Sie genügend Platz zwischen sich. Der letzte Teilnehmer wirft einen Fantasieziegel zur nächsten Person, die sich umgedreht hat, um den Ziegel aufzufangen. Sie wirft ihn dann mit Schwung dem nächsten Teilnehmer zu. Der erste Teilnehmer hält den Dachziegel hoch und legt ihn auf das Fantasiedach.

Auf Zehenspitzen

Stellen Sie sich vor, wie Sie auf Zehenspitzen über einen taufrischen Rasen laufen. Strecken Sie die Arme in die Luft so hoch sie können und immer höher. Atmen Sie dabei tief ein und aus.

Bunte Atmung

Stellen Sie sich gerade hin und atmen Sie sieben Mal tief ein und aus. Beim Einatmen stellen Sie sich vor, gelbe Luft durchströmt Ihre Nase, Ihre Lunge und Ihren Kopf.
(→ Gelb ist die Farbe der Weite, des Lichts und der Leichtigkeit.)

Schwimmhäute

Spreizen Sie zunächst Ihre Hände. Nun zupfen Sie mit dem rechten Daumen und dem rechten Zeigefinger die Haut zwischen den Fingern. Beginnen Sie mit dem Zwischenraum von linkem Daumen und linkem Zeigefinger. Anschließend zupfen Sie die Haut der rechten Hand mit links.

5 Einheiten zur Gruppenaktivierung

Diese fünf Einheiten sollen zeigen, wie eine Gruppenstunde aussehen kann, in der das Gehirn ganzheitlich aktiviert wird und alle gemeinsam Erinnerungen auffrischen, Ideen entwickeln, ihr Gedächtnis in Schwung bringen und sich bewegen. Jede Einheit steht unter einem Thema, das vielen vertraut ist. Die unterschiedlichen Übungen und Fragen sorgen dafür, dass jeder sich auf seine Weise einbringen kann.

Suppe auslöffeln

Erinnern Sie sich: Was war als Kind Ihre Lieblingssuppe, welche Suppe mochten Sie gar nicht?

Wo stehen diese Zeilen und wie geht es weiter?

> »Der Kaspar, der war kerngesund, ein dicker Bub und kugelrund,
> Er hatte Backen rot und frisch; die Suppe aß er hübsch bei Tisch. …«

Welche Wörter fehlen in den folgenden Sätzen?

1. Jemanden die Suppe ______________________________.
2. Jeder kocht sein eigenes ______________________________.
3. Sein Süppchen am ______________________________ anderer kochen.
4. Das macht die Suppe auch nicht ______________________________.
5. Jemanden in die Suppe ______________________________.
6. Ein ______________________________ in der Suppe finden.

7. In die Suppe schauen mehr ______________________ hinein als heraus.
8. Das ist das ______________________ in der Suppe.
9. Welche Sprüche und Redewendungen fallen Ihnen noch ein, in denen es um die Suppe geht?

»Wenn die Kinder artig sind ...«
Lesen Sie den folgenden Text aus dem Struwwelpeter. Zählen Sie alle Wörter, die mit »S« anfangen und merken Sie sich möglichst viele Einzelheiten.

»Wenn die Kinder artig sind, kommt zu ihnen das Christkind.
Wenn sie ihre Suppe essen und das Brot auch nicht vergessen,
Wenn sie ohne Lärm zu machen, still sind bei den Siebensachen.
Beim Spazierengehn auf den Gassen von Mama sich führen lassen,
Bringt es ihnen Gut's genug und ein schönes Bilderbuch.«

Setzen Sie sich aufrecht hin und stellen Sie sich vor, auf dem Tisch steht ein Teller mit Suppe. Nehmen Sie den Löffel in die linke Hand und löffeln Sie die Suppe aus. Anschließend nehmen Sie einen imaginären Löffel in die rechte und in die linke Hand und löffeln die Suppe abwechselnd mit der rechten und der linken Hand aus.

Winterzeit

Erinnern Sie sich: Sind Sie in der Kindheit mit dem Schlitten gefahren oder Schlittschuh gelaufen? Wann haben Sie zuletzt einen Schneemann gebaut?

Wer hat diese Zeilen gedichtet und wie geht es weiter?

»Heute Kinder wolln wir's wagen,
Heut' wird das Eis wohl tragen. ...«

Schreiben Sie doch auch mal einen Vierzeiler über den Winter.

»Bei dem Wetter lockt man ______________________.«
Wie geht der Satz weiter?

Was können Sie bei Regenwetter tun?
Welche Wetter-Wörter fallen Ihnen ein?

Januar (Robert Reinick)
»Wohin man schaut, nur Schnee und Eis,
Der Himmel grau, die Erde weiß;
Hei, wie der Wind soo lustig pfeift,
Hei, wie er in die Backen kneift!
Doch meint' er's mit den Leuten gut,
Erfrischt und stärkt, macht frohen Mut.
...«

Lesen Sie den Text und zählen Sie die Hauptwörter.
Wie geht es weiter?
Lernen Sie die Zeilen doch mal auswendig.

Stellen Sie sich vor, Sie bauen einen Schneemann. Sie rollen die Schneekugeln auf dem Boden oder auf dem Tisch und setzen sie dann aufeinander. In einem Korb liegen Karotten, Kohlenstückchen und ein Hut. Sie stecken dem Schneemann eine Karotte als Nase ins Gesicht und Kohlenstückchen für den Mund und die Knöpfe. Zum Schluss setzen Sie ihm den Hut auf und strecken die Arme so hoch Sie können in die Luft.

Ins Fettnäpfchen treten

Erinnern Sie sich: Wann sind Sie in ein großes Fettnäpfchen getreten?
Welche Sprüche und Redewendungen fallen Ihnen ein, in denen Fett vorkommt?

»Fette« Redewendungen: Welche Wörter fehlen in diesen Redewendungen?

1. Es ist alles in ______________________.
2. Sich nicht die Butter vom ______________________ nehmen lassen.
3. Butter bei die ______________________.
4. Jemanden etwas aufs ______________________ schmieren.
5. Jemanden nicht die ______________________ auf dem Brot gönnen.
6. Etwas für ein ______________________ bekommen.
7. Mit Speck fängt man ______________________.
8. Sich wohlfühlen wie die ______________________ im Speck.
9. Mit der ______________________ nach der Speckseite werfen.

Merken Sie sich diese Redewendungen in der vorgegebenen Reihenfolge.

SPECK-Diät: Was können Sie essen, wenn die Buchstaben des Wortes SPECK nicht enthalten sein dürfen?

»Fettes« Wissen: Was bezeichnet man als Flomen? Welche pflanzlichen Öle kennen Sie?

Stellen Sie sich vor, wie Sie mit einem Schneebesen die Sahne so lange schlagen, bis sie Butter wird. Schlagen Sie eine Minute mit der rechten und eine Minute mit der linken Hand.
Stellen Sie sich nun vor, Sie schneiden ein großes Brot in Scheiben und bestreichen diese dann mit der frisch hergestellten Butter. Klappen Sie die Butterbrotscheiben zusammen, wickeln Sie sie einzeln in Butterbrotpapier ein und legen Sie die Päckchen ganz hoch auf einen imaginären Küchenschrank.

Jemandem auf's Dach steigen

Erinnern Sie sich: Wie sah das Dach des Hauses aus, in dem Sie gewohnt haben? Gab es in Ihrer Kindheit einen Dachboden, auf den Sie gern gestiegen sind, um in alten Sachen zu kramen oder zu spielen?

Dächer-Schau:

1. Welche berühmten Dächer kennen Sie?
2. Welche Begriffe enden mit »dach«?
3. Finden Sie Wörter oder Buchstaben von A–Z, die sinnvoll an das Wort »Dach« angehängt werden können wie z. B. Dachausbau, Dachboden.
4. Was reimt sich auf Dach und Dächer?
5. Wie viele Wörter können Sie aus den Buchstaben DACHSTEINGEBIRGE bilden? Beispiel: Geist, Sache, ...
6. Wo liegt das Dachsteingebirge?

Wo steht geschrieben? Wer ist der Verfasser?

> »Er stand auf seines Daches Zinnen. Er schaute mit vergnügten Sinnen ...«

Dächer-Wissen:

- Was ist ein Dachreiter?
- Was ist ein Dachhase?
- Was ist eine Dachtel?

Bilden Sie mit Ihren Händen vor Ihrem Körper auf Bauchhöhe ein Dach und stellen Sie sich vor, wie dieses Dach eine Leiter hinaufsteigt bis zu Ihrem »Dachstübchen«.

Kalter Kaffee

Erinnern Sie sich: Wie hat Ihre Mutter Kaffee gekocht? Gab es in Ihrer Kindheit Muckefuck?

Lesen Sie den Text und merken Sie sich möglichst viele Einzelheiten. Zählen Sie, wie oft das Wort »Kaffee« vorkommt.
Am 4.1.1768 erließ der Rat der Stadt Hildesheim ein Kaffeeverbot aus Sorge um die Volksgesundheit. Auch alle Kaffeetassen, Kaffeekannen und Kaffeemühlen mussten zerstört werden. Das erste Café in Europa wurde 1640 in Venedig eröffnet, das erste in Deutschland angeblich 1677 in Hamburg.

Was können Sie außer Kaffee noch trinken? Finden Sie zu möglichst vielen Buchstaben des Alphabetes ein Getränk wie Apfelsaft, Beerentee usw.

Singen Sie diesen Kanon dreistimmig.

C-a-f-f-e-e (Karl Gottlieb Hering)
»C-a-f-f-e-e, trink nicht soviel Kaffee,
nicht für Kinder ist der Türkentrank,
schwächt die Nerven, macht dich blass und krank
sei doch kein Muselmann, der ihn nicht lassen kann!«

»Kaffeeversteck«: Im Kaffee steckt ein Affe.

1. Welche Wörter fallen Ihnen ein, in denen andere Wörter versteckt sind?
2. Welche Wörter enthalten zweimal Doppelbuchstaben?

Stellen Sie sich vor, Sie sind bei einem Kaffeekränzchen und sitzen mit einigen Damen und Herren um einen runden Tisch herum. Halten Sie sich bei den Händen, schwingen Sie die Arme in die Luft und summen oder singen den Caffee-Kanon.

Lösungen

Wahrnehmung & Konzentration

Sebastian Kneipp (1821–1897): Ein kath. Priester, der in Wörishofen (Bayern) als Naturheilkundler tätig war und berühmt geworden ist, durch die Wasseranwendungen zur Erhaltung und Stärkung der Gesundheit, die er propagiert hat.

Maria Theresia: Österreichische Herrscherin aus dem Hause Habsburg (1717–1780) Sie regierte von 1740–1780 und hatte 16 Kinder. Friedrich der Große (1712–1786) auch der »Alte Fritz« genannt, war König von Preußen. 11 Namen

Lichtenberg: 13 x G

Kant: 13 x M

Spitzweg: 13 x ER, 9 x ES

Amt & Verstand: 10 x O

Glück & Verstand: 37 x E

Eingebildeter Kohlkopf: 10 x EI

Wortspiele

Anfang & Ende: Deutschland, Hauch, Attila, Bub, Ente, Kuckuck, Namen, Otto, Tritt, Uhu, Vesuv, Arnika, Radler

Ei – Ei – Ei: Eis, Reis, Preis, Gleise, Reise, Meise, Eisenleiter, Seiteneinfassung, Reitkleider, Reiserei, Leibspeise, Zeiteinheit, Heiterkeit, Eisbeineinlage, Reisefreiheit, Vereinsheimleiter

Stamm – Krone – Schule: Glasauge, Glasbläser, Glashütte, Glasdach / Bergbahn, Bergrücken, Bergwacht, Bergwerk / Eiskugel, Eislauf, Eisblume

Vorsatz: Kaffeesatz, Bodensatz, Grundsatz, Umsatz, Nachsatz, Hauptsatz, Nebensatz, Besatz, Zusatz, Absatz, Versatz, Ansatz, Aufsatz, Ersatz

Pläne: 1. Betten, Dummheiten, Kartoffelsalat, Hausaufgaben, Urlaub, Kinder / 2. Stundenplan, Bauplan, Spielplan, Stadtplan, Zeitplan, Reiseplan

Hansestadt Bremen HB: 1. Teic**hb**lume, Sac**hb**earbeiter, Re**hb**raten, Flac**hb**ildschirm, Schac**hb**rett / 2. **H**onig**b**rot, **H**otel**b**ar, **H**irsch**b**raten, **H**afen**b**ecken, **h**and**b**reit, **H**ut**b**and, **H**and**b**uch, **H**otel**b**ar, **H**aus**b**au

Von Fensterbank bis Schlüsselbart: 1. Küchenschürzen – Schürzenjäger – Jägerlatein – Lateinlehrer – Lehrerzimmer / 2. Geschirrschrank, Schranktür, Türschloss, Schlossturm, Turmzimmer, Zimmerdecke / 3. Waldmeister, Meisterkoch, Kochhosen, Hosengürtel, Gürtelschnalle / 4. Altenheim, Heimbewohner, Bewohnertanz, Tanzmusik, Musiknoten, Notenkopf, Kopfstand usw.

Orange & Organe: Kiel & Keil, Reise & Riese, Kreis & Krise, Seile & Siele, Stiel & steil, Scheiben & schieben, Wiese & weise, Meise & miese, Liese & leise

Haus – Schall – Klage: Nasenflügel, Klavierflügel, Schlossflügel / Viehfutter, Mantelfutter, Ofenfutter, Studentenfutter / Ackerfeld, Schachfeld, Magnetfeld, Fußballfeld / Tischbein, Elfenbein, Nasenbein, Eisbein / Rosenstock, Opferstock, Schlagstock, Bienenstock

Pizzamuffel: Wurst, Käse, Brot, Butter, Kohl, Nudeln, Jogurt, Kuchen, Gurke, Klöße, Nüsse

Keule & Beule: Zäune & Bäume / Zeiger & Geiger / läuten & häuten / Teich & Reich / Lauch & Hauch / Mauer & Bauer / schäumen & träumen / Bäuche & Schläuche / Beute & Heute / teuer & Steuer

Die Keule haut eine Beule. Die Zäune schützen Bäume. In der Scheune liegt das Heu. Ella liebt Lauch mit einem Hauch Muskat.

Kopf & Birne: 1. Schädel, Haupt, Gehirnkasten, Oberstübchen / 2. Quartier, Behausung, Unterkunft, Unterschlupf, Dach über dem Kopf

Gehen & schlendern: 1. laufen, stolpern, trödeln, stapfen, latschen, zotteln, schleichen, trippeln, stelzen, torkeln / 2. aufschneiden, dick auftragen, den Mund voll nehmen, viel Trara um etwas machen, Schaum schlagen, auf den Putz hauen / 3. ausgraben, entdecken, aufstöbern

Steinadler & Steinkraut: Löwenzahn, Huflattich, Kugelfisch, Kartoffelkäfer, Mauersegler, Steinpilz

Scheibenwischer & Flaschenöffner: Flugzeugträger, Gabelstapler, Pfannenwender, Winkelmesser

Was ist versteckt? 1. Ka**rom**uster, Proz**essen**de, Re**genf**ass, A**bonn**ement, **Passau**sstellung / 2. Ver**eins**heim, Han**drei**be, Kur**zwei**l, Kla**vier**, Fanta**sieben**utzer, **Zehn**agel / 3. G**esche**nk, Mat**rose**, **Zeiche**n, Fenst**erle**der, Sch**ulme**ister, Gl**aster**rine / 4. Da**mensch**uh, Sa**mensch**ale, Na**mensch**ild, Dau**mensch**rauben / 5. Ch**arme**, Sc**hals**eide, L**augen**, B**ohr**er, Sc**hand**e, Lau**bein**färbung / 6. B**rot**, Haus**grün**dung, A**blau**s, B**rosa**men, Sch**weiß**ausbruch / 7. Sch**laufen**band, Schnee**flocken**, Apri**kosen**, Ge**fahren**herd / 8. Sch**lang**e, **Laut**enspiel, **Nass**auerin, S**tief**el

Versteckallerlei:
1. Spalte: Tisch, schocken, hocken, Orkan, Mensch, Sieben, Star, Amme, Leiber, Bern, Elch, Gent, Agent, Mensch, Flaum, Laub, Auge, Wind, Wal
2. Spalte: Wellen, Paris, Eifel, Schaf, Trab, Erle, Last, Ufer, Ranken, Weste, Haus, Arme, Almen, Mensch, Ulm, Schaf, Zange, Gelb
3. Spalte: Mensch, Garn, Rom, Rot, Lamm, Wert, Esche, alt, Test, Elle, Bern, Bein, Neun, Land, Genf, Algen, Lust, Tanz, zeigen
Schlauberger: Laub, Schau, Sage, Lager, Hauer, Haube, Heuler, Blau, Laus
Kiel & Knopf: 1. Bonn, Köln, Mainz, Hof / 2. Huhn, Schwein, Rind, Gans, Reh, Hirsch, Dachs, Maus / 3. Hut, Band, Tisch, Stuhl, Schrank, Bett, Glas / 4. Mais, Reis, Mohn / 5. Arzt, Koch, Schmied / 6. Milch, Senf, Quark / 7. Hirn, Arm, Mund, Ohr, Stirn, Haar, Kopf, Hals, Bein, Fuß, Zeh, Hand, Po, Darm / 8. Hut, Schal, Hemd, Rock, Shirt
Leitung & Lieferant: 1. Lieferung, Landung / 2. Aspirant, Intendant, Sekundant / 3. Kondition, Kondensation, Konstellation, Expedition / 4. Segel, Regel, Tiegel, Flügel / 5. tüchtiger, kantiger, mutiger, lustiger / 6. hektisch, praktisch / 7. lieblich, feindlich, freundlich
Schlau & gut: 1. ruhig, bunt / 2. mutig, lustig / 3. **a**b**e**nt**eue**rl**i**ch, **ei**g**e**ntüml**i**ch, w**u**nd**e**rl**i**ch
Marmelade & Mirabelle: Magenbitter, Meter, Messbecher, Mieter, Meister, Melker
Buchrücken & Fußnote: 1. Flaschenhals, Tischbein, Eselsohr, Salatherz / 2. Tischläufer, Wandteller, Stuhlgang, Toilettentasche, Gardinenpredigt, Blumenteppich / 3. Hundewetter, Katzenjammer, Vogelperspektive, Affenhitze, Bärenhunger
Baden gehen: 1. Badeanzug, Badekappe, Badewasser, Badevergnügen, Bademeister, Badeanstalt, Badehose, Badearzt, Bademantel, Bademütze, Badematte, Badeort, Bader, badisch, Badesaison, Badetuch, Badezeit, Badezimmer / 2. Heilbad, Kurbad, Wannenbad, Wasserbad, Luftbad, Dampfbad, Schaumbad / 3. Band, Bandage, Bandit, Damenbart, Barrikade, Barde, Bahndamm, Baudenkmal / 4. Ein Bad in der Menge nehmen. Das Kind mit dem Bade ausschütten. Zu heiß gebadet worden sein. In Schweiß gebadet sein.
Ausschluss: 1. Kiel, Celle, Kleve, Köln, Soest, Coesfeld, London, Kiew, Oslo, Wien, Linz, Sylt, Stettin, Illinois / 2. Puma, Spatz, Fisch, Dachs, Maus, Fuchs, Strauß, Pfau, Sau, Hai, Ibis, Kuh / 3. Lilie, Ulme, Espe, Eibe, Efeu, Tulpe, Wiese, Wicke, Weide, Ilex / 4. Fahrrad, Straßenbahn, Schiff, Roller,

Tandem, Traktor, Rikscha, Boot, Einspänner / 5. Hemden, Westen, Jacken, Westen, Socken, Shorts, T-Shirts, Röcke, Jeans / 6. Oslo, Emden, Tokio, London, Schweden, Schweiz, Indien

Frosch & frisch: Buch & Bach, Borke & Birke, Dach & Dich, Decke & Dicke, Gras & Gries, Gruben & Graben, Hand & Hund, Hammer & Hummer, Kassen & Kissen, Last & List, Locke & Lücke, Mahl & Mehl

Umtausch: Sie, tanken, Mode, Hasen, Gase, holde, Salbe, egal, reist, steile, Made, Biere, Beile, Rosine, Rast, reine, roste, leger, Lade, Leben, Lager, Rabe, Solo, leise, laben, Ratten, loben, Leiste, Galle, Lehm, Lasche, malen, Asche, Starre

Sprüche, Zitate, Redewendungen & Redensarten

Allerlei: 1. Die Katze im Sack kaufen; jemanden durch den Kakao ziehen; das Kind mit dem Bade ausschütten; Kleider machen Leute; in jedem steckt ein guter Kern / 2. Dick auftragen; ein dickes Fell haben; eine dicke Lippe riskieren; ach, du dickes Ei / 3. Nicht alle Tassen im Schrank haben; reinen Tisch machen; jemanden den Stuhl vor die Tür stellen; auf Rosen gebettet sein / 4. Jemanden auf die Finger sehen; den Wald vor lauter Bäumen nicht sehen; das Licht am Ende des Tunnels sehen / 5. Den Bock zum Gärtner machen; viele Köche verderben den Brei; Schuster bleib bei deinen Leisten.

Da geht mir der Hut hoch: 1. Glacéhandschuhen, 2. Hose, 3. Hutschnur, 4. Hemd, Hose, 5. Kleider, 6. Socken, 7. Mantel, 8. Gestiefelt

Jemanden zum Fressen gern haben: 1. Butter, Brot, 2. Eingemachte, 3. Brezelbacken, 4. Hefekloß, 5. Brot, Krümel, 6. Brei, 7. Sahne, 8. Braten, 9. Suppe, 10. Kaffee

Sich aus dem Staub machen: Sich vom Acker machen; sich die Finger schmutzig machen; viel Wind um nichts machen; einen Strich durch die Rechnung machen; sich auf die Socken machen; keine großen Sprünge machen; keinen Finger krumm machen.

Gemüse: 1. Bohnen, 2. Salat, 3. Bohnen, 4. Pilze, 5. Kraut, Rüben, 6. Bohnen, 7. Salat, 8. Kohl, 9. Senf, 10. Tomaten

In voller Blüte stehen: sich die Beine in den Bauch stehen, unter der Fuchtel stehen, auf der Kippe stehen, unter einem günstigen Stern stehen, jemanden im Regen stehen lassen, unter dem Pantoffel stehen.

Lücken füllen: 1. Schall, 2. Herd, 3. Schuster, 4. Haut, 5. Honig, 6. Flinte, 7. Wüste, 8. Nadel, 9. Tasche, 10. Teufel

<u>Jemanden in den Schatten stellen:</u> Sich auf die Hinterbeine stellen; sich mit jemanden auf die gleiche Stufe stellen; die Weichen stellen; den Stuhl vor die Tür stellen; jemanden an den Pranger stellen; sich auf den Kopf stellen; sich auf eigene Füße stellen; etwas auf die Beine stellen.
<u>Wurzeln schlagen:</u> Zwei Fliegen mit einer Klappe schlagen; etwas in den Wind schlagen; sich etwas aus dem Kopf schlagen; Schaum schlagen; sich in die Büsche schlagen.
<u>Mit Händen und Füßen reden:</u> Sich um Kopf und Kragen reden; gegen eine Mauer reden; mit tausend Zungen reden; jemanden ein Loch in den Bauch reden; jemanden nach dem Mund reden.
<u>Heiraten ist gut ...:</u> 1. Korintherbrief, Kap. 7, Vers 38 »Welcher seine Jungfrau verheiratet, der tut wohl; welcher sie aber nicht verheiratet, der tut besser.« Rathaus, Ratte, rattern, Ratatouille, verraten, zuraten, anraten, beraten, Unrat, Verrat, Braten, Krater, Prater, Grat
<u>Sie säen nicht, ...:</u> »Sehet die Vögel unter dem Himmel an; sie säen nicht, sie ernten nicht, sie sammeln nicht in die Scheunen; und euer himmlischer Vater nährt sie doch.« (Matthäus, Kap. 6, Vers 26) Säen, sägen, schnäbeln, ändern, äußern, gähnen, nähen, gähnen, quälen
<u>Salz der Erde:</u> Jesus nennt seine Jünger das Salz der Erde (Matthäus, Kap. 5, Vers 13), Fleisch pökeln, Sauerkraut herstellen, Salzheringe einlegen, Rotweinflecke und Blutflecke entfernen, bei Glatteis streuen, mit Salzwasser gurgeln bei Halsweh
<u>Wie Schuppen ...:</u> Dieser Bibelspruch ist der Bekehrung des Saulus entlehnt. Fischschuppen, Hautschuppen, Geräteschuppen
<u>Denkzettel:</u> 4. Buch Mose, Kap. 15, Verse 38–39: »Der Herr befiehlt durch Moses den Kindern Israel: ›Sie sollen Quasten an den Zipfeln ihrer Kleider tragen und bei deren Anblick an alle Gebote denken.‹« Waschzettel, Schmierzettel, Notizzettel, Einkaufszettel
<u>Buch mit sieben Siegeln:</u> Offenbarung, Kap. 5, Vers 1: »Ein Buch geschrieben inwendig und auswendig versiegelt mit sieben Siegeln.« Sieger, Siegeskranz, Siegfried, versiegen, versiegeln, besiegeln. Auf Wolke sieben schweben. Ein Gesicht machen wie sieben Tage Regenwetter. Seine Siebensachen packen. Es geht mit Siebenmeilenstiefeln voran.
<u>Linsengericht:</u> Für ein Linsengericht verkaufte Esau seinem Bruder Jakob seine Erstgeburt (1. Buch Mose, Kap. 25, Vers 34. Kartoffelgericht, Amtsgericht, Landgericht, Bundesverfassungsgericht, Nudelgericht

Liebe deinen Nächsten ...: 3. Buch Mose, Kap. 19, Vers 18. Mutterliebe, Vaterliebe, Schwesterliebe, Bruderliebe, Freundesliebe, Affenliebe
Der Mensch lebt ...: 5. Buch Mose, Kap. 8, Vers 3 und Matthäus, Kap. 4, Vers 4. Brezeln, Brötchen, Braten, Bockwurst, Blaubeeren, Backwaren, Bohnen, Backpflaumen, Birnen
Krethi & Plethi: Die ursprüngliche Bedeutung ist wahrscheinlich »Scharfrichter und Eilbote« Die Krethi und Plethi waren eine Leibwache des Königs David. Heute ist der Ausdruck gleichbedeutend mit »gemischter« Gesellschaft. Romeo und Julia, Tristan und Isolde, Hermann und Dorothea, Pat und Patachon, Dick und Doof
Stein: Jesaja, Kap. 8, Vers 14 und 1. Buch Petrus, Kap. 2, Vers 8. Smaragd, Rubin, Topas, Opal, Turmalin, Diamant, Saphir, Steinchaos, Steindecke, Steinebene, Steinfigur, Steingarten, Steinigel, Steinmarder, Steinpilz, Steinrose, Steinschlag, Steintor, Steinufer, Steinveranda, Steinzeit
Vom Scheitel: 5. Buch Mose, Kap. 28, Vers 35 und 2. Buch Samuel, Kap. 14, Vers 25: »Von seiner Fußsohle an bis auf seinen Scheitel.« Schachtel, Spachtel, Sichel, Stachel, Strudel
Sich etwas über den Kopf ...: Der Ausspruch geht zurück auf Esra, Kapitel 9, Vers 6: »Unsere Missetat ist über unser Haupt gewachsen, und unsere Schuld ist groß bis in den Himmel.« Pflanzen, Tiere, Kinder, Schulden, Wissen, Städte, Wüsten
Auf keinen grünen Zweig kommen: Nicht viel erreichen – nach Hiob, Kap. 15, Vers 32: »Sein Zweig wird nicht grünen.« Blütenzweig, Strauchzweig, Abzweigung, Verzweigung, Zweigniederlassung, Zweigstelle
Bleibe im Lande ...: Psalm, Kap. 37, Vers 3. Landschaft, Landung, Landfrau, Landadel, Landbau, Landhaus, Landflucht, Landgraf, Landkarte, Landluft, Landratte
Reden ist Silber, ...: Psalm, Kap. 12, Vers 7: »Die Rede des Herrn ist lauter wie durchläutert Silber.« Und Sprüche, Kap. 10, Vers 20: » Der gerechten Zunge ist köstlich Silber.« Es ist nicht alles Gold was glänzt; Gold wert sein; Gold in der Kehle haben; nicht mit Gold aufzuwiegen.
Mit gleicher Elle ...: 3. Buch Mose, Kap. 19, Vers 15: »Ihr sollt nicht unrecht handeln im Gericht, mit der Elle, mit Gewicht, mit Maß.« Schelle, Welle, Helle, Delle, Pelle, Zelle, Kelle, bellen, Stelle, Felle, Libelle, Mirabelle, Quelle Lichtkegel, Weltkugel, Zeltplätze, Kleepflanze, Pflegeeltern, Leselampe

Musik & Lieder I

Liederraten: 1. Alle Vögel sind schon da, 2. Alles neu macht der Mai, 3. Das Wandern ist des Müllers Lust, 4. Der Mond ist aufgegangen, 5. Der Winter ist ein rechter Mann, 6. Ein Jäger aus Kurpfalz, 7. Es klappert die Mühle am rauschenden Bach, 8. Im Märzen der Bauer, 9. Jetzt fängt das schöne Frühjahr an, 10. Komm lieber Mai und mache, 11. Schlaf Kindlein schlaf ,12. Weißt du wie viel Sternlein stehen, 13. Zwischen Berg und tiefem, tiefem Tal

In München ...: In Hamburg sind die Nächte lang; Wien, Wien nur du allein; Ich hab mein Herz in Heidelberg verloren; Tulpen aus Amsterdam; Salzburger Nockerln; Innsbruck ich muss dich lassen; Rote Rosen aus Athen.

An der Saale ...: Warum ist es am Rhein so schön?; Kalkutta liegt am Ganges, Paris liegt an der Seine; Bald gras ich am Neckar; An der schönen blauen Donau; Im weißen Rössel am Wolfgangsee; Wo die Nordseewellen schlagen.

Ein Männlein ...: Ich geh' durch einen grasgrünen Wald; Bunt sind schon die Wälder; Wem Gott will rechte Gunst erweisen ; Kuckuck, Kuckuck, ruft's aus dem Wald; Es flog ein kleines Waldvögelein

Ein Jäger ...: Auf, auf zum fröhlichen Jagen; Der Jäger aus dem grünen Wald; Ein Jäger längs des Weihers ging; Fuchs, du hast die Gans gestohlen; Trara, das tönt wie Jagdgesang.

Guten Abend, ...: O wie wohl ist mir am Abend; Ade zur guten Nacht; Abend wird es wieder; Nun ruhen alle Wälder; Nun wollen wir singen das Abendlied; Schlafe mein Prinzchen, schlaf ein; Müde bin ich geh zur Ruh; Schlaf Kindchen schlaf.

Die lustige Witwe: Franz Lehar ist der Komponist.

Ach, ich hab sie ...: Der Bettelstudent von Carl Millöcker. Dein ist mein ganzes Herz; Ich hab mein Herz in Heidelberg verloren; Zwei Herzen im Dreivierteltakt; Wenn nur die Elisabeth nicht so schöne Beine hätt, Du, du liegst mir am Herzen; Rote Lippen soll man küssen; Das machen nur die Beine von Dolores; Deine Lippen, die küssen so heiß; Reich mir die Hand mein Leben.

Oh, ich bin klug und weise: ... und mich betrügt man nicht.« Aus der komischen Oper »Zar und Zimmermann« von Albert Lortzing. »Casanova«, »Der Wildschütz«, »Undine«

Das Land des Lächelns: Franz Lehar. Der Vogelhändler; Die lustige Witwe; Hänsel und Gretel; Die Zauberflöte; Der fliegende Holländer; Rigoletto; Die Entführung aus dem Serail.
Schlösser, ...: »Frau Luna«, Paul Lincke
Ich tanze ...: Gerhard Wendland. Brüderchen komm tanz mit mir; Ich tanze mit dir in den Himmel hinein; Tanzen möchte ich, jauchzen möchte ich; Beim Kronenwirt ist heut Jubel und Tanz; Es tanzt ein Bi-Ba- Butzemann
Du sollst der Kaiser ...: Robert Stolz. Kaiserwalzer; Es waren zwei Königskinder; Es war ein König in Thule; Schlaf mein Prinzchen schlaf ein
O wie trügerisch ...: »Rigoletto« von Guiseppe Verdi. Du, du liegst mir am Herzen. Geh aus mein Herz und suche Freud. Ich hab mein Herz in Heidelberg verloren.

Dichter & Gedichte

Gedichte erraten I: 1. »Das Riesenspielzeug« Adalbert v. Chamisso, 2. »Der frohe Wandersmann« von Joseph v. Eichendorff, 3. »Der Postillon« von Nikolaus Lenau, 4. »Der Knabe im Moor« von Annette v. Droste-Hülshoff, 5. »Der Jäger Abschied« von Joseph v. Eichendorff, 6. »Der Lindenbaum« von Wilhelm Müller, 7. »Der getreue Eckard« von Johann Wolfgang v. Goethe, 8. »Der König in Thule« von Johann Wolfgang v. Goethe, 9. »Das Hufeisen« von Johann Wolfgang v. Goethe, 10. »Abseits« von Theodor Storm, 11. »Der wandernde Musikant« von Joseph v. Eichendorff
Tierische Titel: »Der Steppenwolf« von Hermann Hesse; »Der Butt« von Günter Grass; »Wendekreis des Krebses« von Henry Miller; »Die Muschelsucher« von Rosamunde Pilcher; »Es waren Habichte in der Luft« von Siegfried Lenz; »Wer die Nachtigall stört« von Harper Lee; »Schmetterlinge weinen nicht« von Willi Heinrich; »Von Mäusen und Menschen« von John Steinbeck; »Katzensilber« von Adalbert Stifter; »Die schwarze Spinne« von Jeremias Gotthelf; Märchen: »Das hässliche Entlein«, »Die sieben Raben«, »Der gestiefelte Kater«, »Die chinesische Nachtigall«, »Der Froschkönig«, »Der Schweinehirt«
Von Katzen: 1. »... Affe« (»Fipps der Affe«) von Wilhelm Busch, 2. »... Nachtigall« (»Im Anfang war die Nachtigall«) von Heinrich Heine, 3. »... Möwen« (»Möwenlied«) von Christian Morgenstern, 4. »... Hund« (»Hund und Katze«) von Wilhelm Busch, 5. »... Pudel« (»Der tugendhafte Hund«) von Heinrich Heine, 6. »... Löwen« (»Der Handschuh«) von Friedrich Schiller, 7. »... Ameisen« (»Die Ameisen«) von Joachim Ringelnatz

Tiere gesucht: 1. Die Affen. Wilhelm Busch, 2. Die Frösche. Johann Wolfgang v. Goethe, 3. Der Fuchs und der Igel. Wilhelm Busch, 4. Der Panther. Rainer Maria Rilke, 5. Das Häslein. Christian Morgenstern, 6. Die Kraniche des Ibykus. Friedrich Schiller, 7. Hund und Katze. Wilhelm Busch, 8. Fuchs und Gans. Wilhelm Busch

Pflanzen-Gedichte: »Der alte Garten« und »Die Schneeglöckchen« von Joseph von Eichendorff, »Maienkätzchen, erster Gruß« von Detelev von Liliencron, »Das Lied vom Kirschbaum« von Johann Peter Hebbel, »Blühende Bäume« von Hugo von Hoffmannsthal, »Die Erlen« von Novalis, »Wem gehört das junge Laub?« von Achim von Arnim, »Hyazinthen« von Theodor Storm

Gedichtanfänge: 1. »Wer wagt es, Rittersmann oder Knapp ...«. Friedrich Schiller, 2. »Halb zog sie ihn, halb sank er hin!«. Johann Wolfgang v Goethe, 3. »Das Beet schon lockert sich's in die Höh' ...«. Johann Wolfgang v Goethe

Gedichte erraten II: »Ein Jüngling liebt ein Mädchen« von Heinrich Heine, 2. »Der Knabe im Moor« von Annette von Droste-Hülshoff, 3. »Nachtgedanken« von Heinrich Heine Buch der Lieder, 4. »Das Lied von der Glocke« von Friedrich Schiller, 5. »Winternacht« von Nikolaus Lenau, 6. »Die Frage bleibt« von Theodor Fontane, 7. »Lied des Fischerknaben« von Friedrich Schiller

Wer hat's geschrieben?: 1. »Herbsttag« von Rainer Maria Rilke, 2. »Lied von der Glocke« von Friedrich Schiller, 3. »Zu guter Letzt« von Wilhelm Busch, 4. »Der Hering« von Heinrich Seidel, 5. »Kritik des Herzens« von Wilhelm Busch

Wissen & Erfahrung

Struwwelpeter: 1. »... ich geh' aus und du bleibst da.« 2. »... sein grasgrün neues Röcklein an.« 3. »... wenn der Sturm das Feld durchsaust.« Autor: Heinrich Hoffmann. Friedrich, Paulinchen, Ludwig, Wilhelm, Nikolaus, Konrad, Kaspar, Philipp, Hans, Robert

Bücher: 1. Anne Frank, 2. Ernest Hemingway, 3. Heinrich Böll, 4. Francoise Sagan

Katzenköpfe: 1. Mit »Katzenköpfen« werden Feldsteine bezeichnet, mit denen früher das Hallenhaus gepflastert war, in dem Menschen und Vieh ohne trennende Wand in einem Raum lebten. 2. Pferdeköpfe, die früher als Schmuck oder Talisman über der Feuerstelle hingen, nannte man

»Donarbesen«. 3. Im Garten – es sind Blumen. 4. Ein kleiner Turm auf dem Dachfirst. 5. Der Maler und Grafiker Heinrich Zille. 6. Wildschwein. 7. Radiohörer, der keine Gebühren bezahlt. 8. Garnwinde. 9. Strickzeug. 10. Banner, Fahne. 11. Großes Holzgefäß mit zwei Handhaben. 12. Borte, Schnur aus feinen Gold- und Silberfäden. 13. Kleines Boot für See und Fluss. 14. Lücke in der Mauer. 15. Altes Längenmaß, etwa zwei Drittel Meter. 16. Aubergine. 17. Süßwasserfische. 18. Undurchdringbarer Dschungel oder auch Teil des Nürburgrings (Nordschleife). 19. Einflussreiche Person, die nach außen nicht in Erscheinung tritt. 20. Tabakwaren oder Pelzwaren. 21. Kaiser Heinrich IV. (1056–1106) wurde von Papst Gregor VII. mit dem Bann belegt und machte sich ein Jahr später auf den Weg nach Canossa, wo der Papst weilte. 22. Ein großer Aufwand ohne Wirkung.

Tiere gesucht: Kugelfisch, Kaiserpinguin, Kartoffelkäfer, Vielfraß

Hans Dampf ...: 1. Hänschen, Hans, 2. Hans, 3. Otto, 4. Peter, 5. Saulus, Paulus, 6. Konrad, 7. Ernst 8. Friedrich Wilhelm, 9. August, 10. Fritz, 11. Adam, 12. Max

Hanswurst & Hansaplast: **Johannis**kraut, **Kurt**axe, **Peter**silie, **Theo**loge, **Klaus**ur, **Frank**furt, **Hans**eaten, **Kai**mauer, **Tom**aten, **Max**imum, **Leo**pard, **Jan**uar

Frankfurter & Wienerle: 1. Käse, 2. Wurst, 3. Printen, 4. Klopse, 5. Berliner Pfannkuchen, Berliner Weiße, 6. Lebkuchen, 7. Stollen, 8. Sprotten, 9. Allerlei.

Goethe-Rätsel: Kartoffel

Schusterjunge & Pharisäer: 1. Ist Malzkaffee oder Zichorie, ein Ersatz für Bohnenkaffee. Wahrscheinlich ist der Begriff die eingedeutschte Fassung des französischen Begriffes »mocca faux« – übersetzt »falscher Kaffee«. 2. Ein Berliner Brot oder – aus dem Buchdruck – eine am Seiten- oder Spaltenende stehende Zeile eines neuen Absatzes. 3. Kartoffel. 4. Kaffeegetränk mit Rum und Sahne, das am 29.2. 1872 bei einer Taufe auf der Insel Nordstrand vor Husum entstand, um trotz eines sehr strengen Pastors ungestört feiern zu können. 5. Gefüllte Nudeltaschen aus Schwaben. 6. Der sächsische Begriff »Bliemchenkaffee« ist entstanden, weil man in Sachsen Wert auf starken Kaffee legte. War der Kaffee zu dünn, konnte man die Blümchen auf dem Grund der Tasse aus Meißener Porzellan sehen. 7. Schnitzel mit Sardellen, Kapern, Ölsardinen, Lachs, Kaviar, Spiegelei. Benannt nach dem Geheimrat Friedrich von Holstein.

8. Gänseblümchen, Kapuzinerkresse, Holunderblüte, Lotusblume, Malve. 9. In Venedig hergestelltes Marzipan. 10. Seemannseintopf aus Pökelfleisch, Kartoffeln, Fisch, Zwiebeln und Salzgurken. 11. Buttercremetorte mit Krokant,12. Gericht mit Kartoffeln und Äpfeln, durchwachsenen Speck und Blutwurst. 13. Gebäck, das an die Locken des Dichters Friedrich von Schiller erinnert oder ein geräucherter Fisch aus den Bauchlappen des Dornhais, die sich beim Räuchern auch einrollen. 14. Im 18. und 19. Jahrhundert wurden nicht nur in Sachsen Singvögel verspeist. Hunderttausende wurden im Umland von Leipzig gefangen, gerupft, gefüllt, in Schachteln verpackt und nach Moskau und Spanien exportiert. 1876 setzten Tierfreunde diesem Vogelfang ein Ende. Leipziger Konditoren kreierten daraufhin Mürbteigtörtchen mit Marzipanfüllung und nannten sie Leipziger Lerchen

Flotte Lotte: 1. Passiergerät, 2. Gestreifter Kuchen aus Keksen und Schokolade, 3. Eine andere Bezeichnung für Zebrakuchen, 4. Ein Auto der Firma Ford

Auf einem Bein: Kreisel

Rehe in der Dämmerung: Franz Marc. »Die gelbe Kuh«, »Träumendes Pferd«, »Mädchen mit Katze«, »Füchse«. Taube, Ente, Libelle, Rabe, Löwe

Rätsel: 1. Gedanken, 2. Kartoffel, 3. Rotkehlchen, 4. Flachs

Apfel-Fragen: 1. Äpfel produzieren den roten Farbstoff, um sich vor der Sonne zu schützen. Hätten Sie ihn nicht, bekämen sie braune Flecken. Gelbe und grüne Sorten sind widerstandsfähiger gegen die Sonne, haben aber einen geringeren Zuckergehalt. 2. Fruchtbarkeit. 3. Martin Luther. 4. Ein grau geflecktes, weißes Pferd. 5. Ein Schmetterling

Wissensfragen: 1. Kleidermotten, 2. Ahorn, Fichte, Rottanne, 3. Alabaster oder dünnschliffiges Holz, 4. Sichel = Viertelmond, 5. Seit 1520 – Kautschuk aus Südamerika, 6. Köcher, 7. Ende des 15. Jahrhunderts durch Anna von der Bretagne in Frankreich, 8. Fibeln = Spangen und Schnüre, 9. Der Regenwurm ist blind. 10. In den Rhein. 11. Erst seit 100 Jahren. 12. Ein trockener, brüchiger Ast

Tiere und Eigenschaften: Turteltaube – eheliche Treue, Spatz – Frechheit, Gans – Eingebildetheit oder Dummheit, Eule – Weisheit, Fuchs – List oder Schläue, Elster – diebisch, Biene – Fleiß, Esel – Dummheit, Hund – Treue, Schaf – Einfalt, Hase – Furchtsamkeit, Henne – Mütterlichkeit, Lamm – Unschuld, Pfau – Eitelkeit, Rabe – Unglück, Stier – Kraft

5 Einheiten zur Gruppenaktivierung

Suppe auslöffeln: Suppenkasper: »Doch einmal fing er an zu schrei'n: ›Ich esse meine Suppe nicht! Nein meine Suppe esse ich nicht.‹«. 1. Versalzen, 2. Süppchen , 3. Feuer/ Herd, 4. Fett, 5. spucken, 6. Haar, 7. Augen, 8. Salz.
Winterzeit: Adolf Holst: »Darum los, wer laufen kann, Mütze auf und Schlittschuh an.«, »... keinen Hund hinter dem Ofen hervor.« Lesen, Kreuzworträtsel lösen, Musik hören, Klavier spielen, malen, stricken, singen usw. Wetterfrosch, Wetterleuchten, Wetterbericht, Regenwetter, Schietwetter, Wetterfühligkeit usw., 19 Hauptwörter, »Ihr Stubenhocker, schämet euch, kommt nur heraus, tut es uns gleich! Bei Wind und Schnee auf glatter Bahn, da hebt erst recht der Jubel an!«,
Ins Fettnäpfchen treten: »Fette« Redewendungen: Selber essen macht fett; Die sieben fetten Jahre; Fett schwimmt oben; Sein Fett abbekommen; Jemanden im eigenen Fett schmoren lassen. 1. Butter, 2. Brot, 3. Fische, 4. Butterbrot, 5. Butter, 6. Butterbrot, 7. Mäuse, 8. Made, 9. Wurst. SPECK-Diät: Jogurt, Mango, Öl, Brot, Pizza usw. »Fettes« Wissen: Schweinefett aus dem Schmalz gemacht werden kann. Olivenöl, Walnussöl, Sonnenblumenöl, Leinöl, Rapsöl, Traubenkernöl usw.
Jemanden auf's Dach steigen: Dächerschau: 1. das Goldene Dach in Innsbruck, die Kuppel des Doms in Florenz, die Kuppel des Peterdoms in Rom von Michelangelo usw. 2. Blechdach, Hausdach, Walmdach, Reetdach, Zeltdach, Glasdach, Blätterdach, Kartendach 3. Dach**a**usbau, Dach**b**oden, Dach**d**ecker, Dach**f**läche, Dach**f**enster, Dach**f**irst, Dach**g**arten, Dach**g**erüst, Dach**g**esellschaft, Dach**g**eschoss, Dach**g**aube, Dach**l**atte, Dach**l**uke, Dach**l**awine, Dach**k**ammer, Dach**k**onstruktionen, Dach**p**appe, Dach**s** usw. 4. Fach, wach, Schach, Bach, Krach, lach' , mach', nach, Fächer, Becher, Rächer usw. 5. Dachsteingebirge: Dachs, Teig, Inge, Steg, Achse, Tier, Egge, Tiger, Enge 6. In Oberösterreich. »Der Ring des Polykrates« von Friedrich Schiller. Dächer-Wissen: ein kleiner Turm auf dem Dachfirst, eine Katze, eine Ohrfeige (Ruhrgebiet)
Kalter Kaffee: 4 x Kaffee, Ananassaft, Buttermilch, Cola, Dunkelbier, Eiskaffee, Frischmilch, Grapefruitsaft, Holundersaft, Ingwerwasser, Joghurtdrink, Kinderkaffee, Limonade, Milch, Nusslikör, Orangensaft, Pfefferminztee, Quittensaft, Rum, Schokolade, Tee, Underberg, Wasser, Zuckerwasser. Kaffeeversteck: 1. Mat**rose**, B**laub**eere, Fens**terle**der, Gla**st**errine, G**espe**nst, Sch**raub**enzieher, 2. Teekanne, Jammerlappen, Meerwasser, Erdbeergelee, Wasserkessel.

Literatur

Allgemeine Nachschlagewerke:

Dudenredaktion (Hrsg.) (2002): Duden II Redewendungen und sprichwörtliche Redensarten. Sprache. Bibliographisches Institut, Mannheim.

Dudenredaktion (Hrsg.) (2006): Duden 07. Das Herkunftswörterbuch Bibliographisches Institut Mannheim

Puntsch, E. (2003): Zitatenhandbuch 1. Universitas Verlag, Tübingen.

Puntsch, E. (1993): Witze, Fabeln, Anekdoten. Weltbild, Augsburg.

Textor, A.M. (2014): Sag es treffender. Das Synonym-Wörterbuch für den täglichen Gebrauch. Rowohlt Verlag, Reinbek.

Hederer, E. (1999): Das deutsche Gedicht vom Mittelalter bis zum 20. Jahrhundert. Fischer Taschenbuch Verlag, Frankfurt/Main.

Weitere Bücher von Ursula Oppolzer:

Aktivierung durch ganzheitliches Gehirntraining, 2. akt. Aufl. (2016). Schlütersche, Hannover.

Verflixt, 100 Gedächtnisspiele (2009). humboldt, Hannover.

Verflixt, das darf ich nicht vergessen, Bd. 1, 2 + 3 (2009). humboldt, Hannover.

Das große Brain-Fitness-Buch (2008). humboldt, Hannover.

Verflixt, wie lerne ich das? (2008). humboldt, Hannover.

Verflixt, das darf ich nicht vergessen! Die 50er-Jahre (2007). humboldt, Hannover.